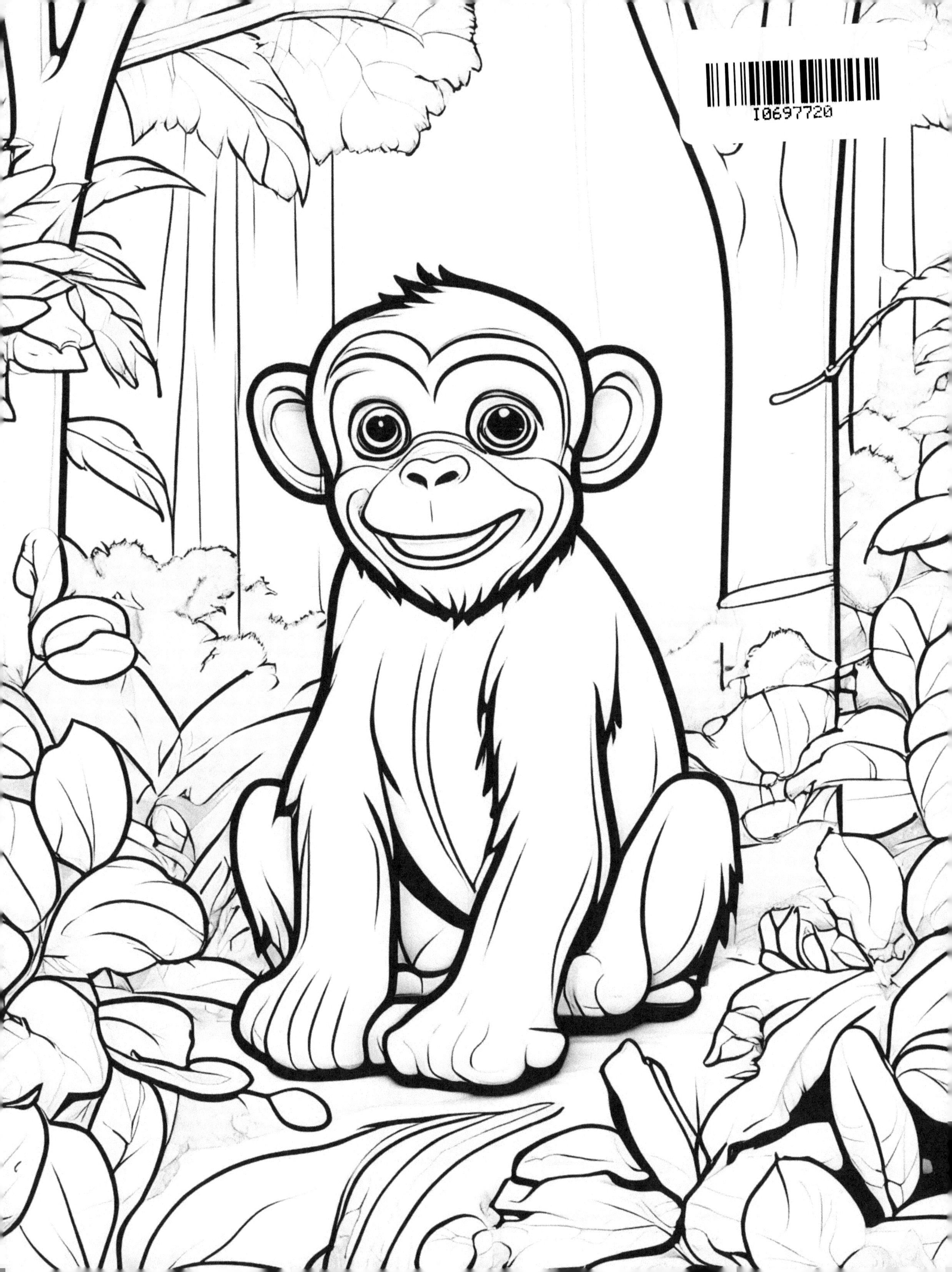
I0697720

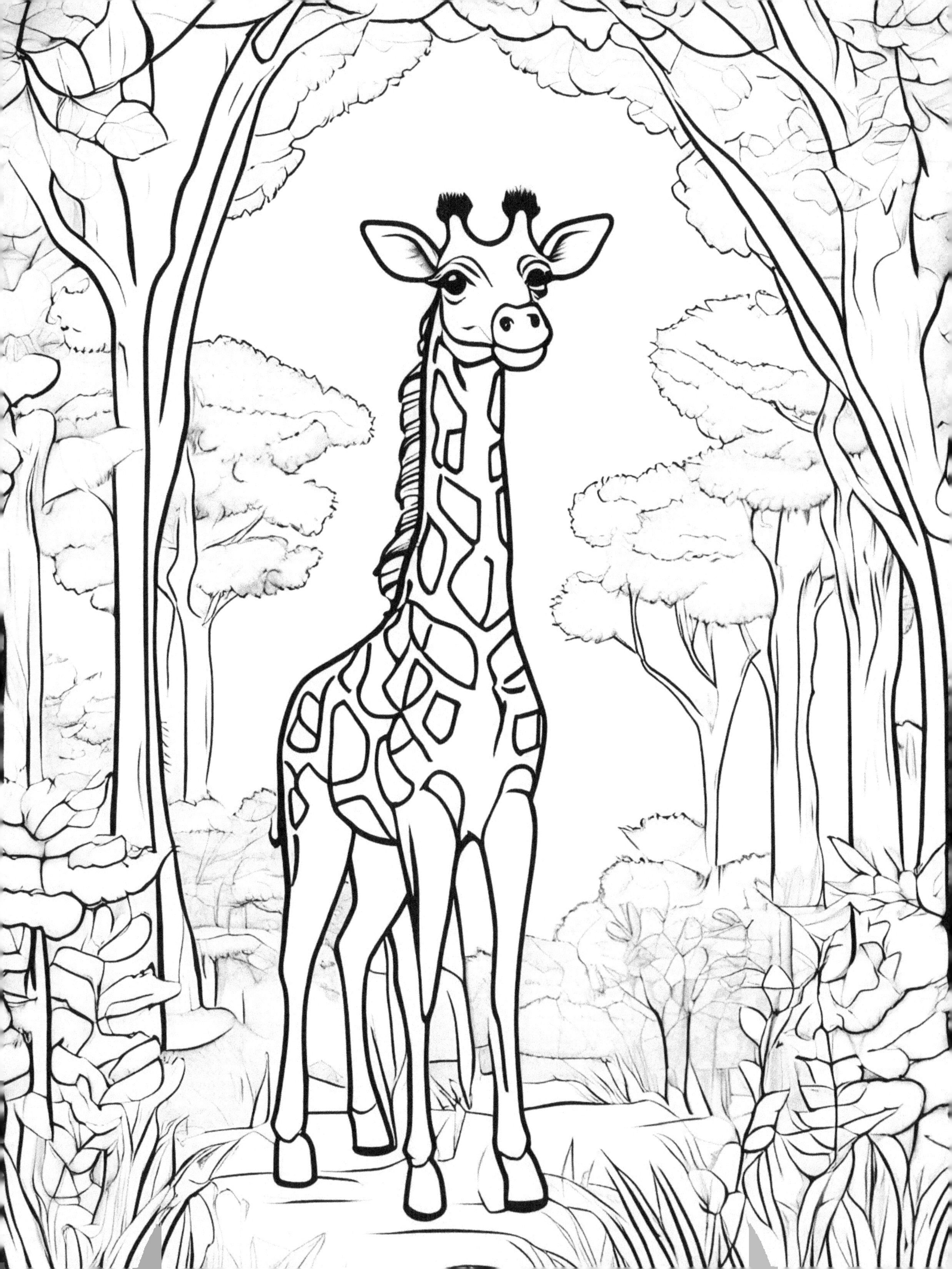

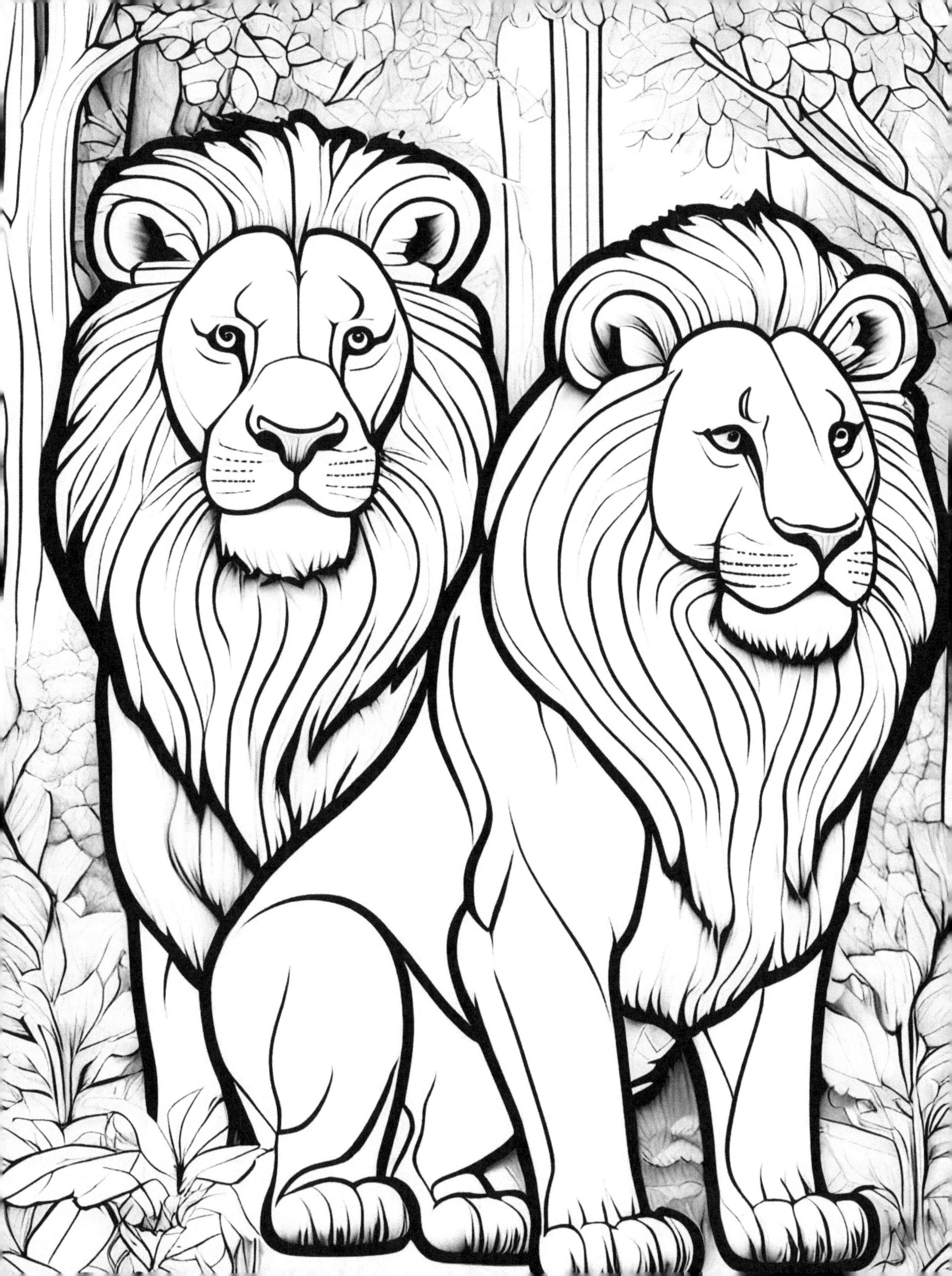

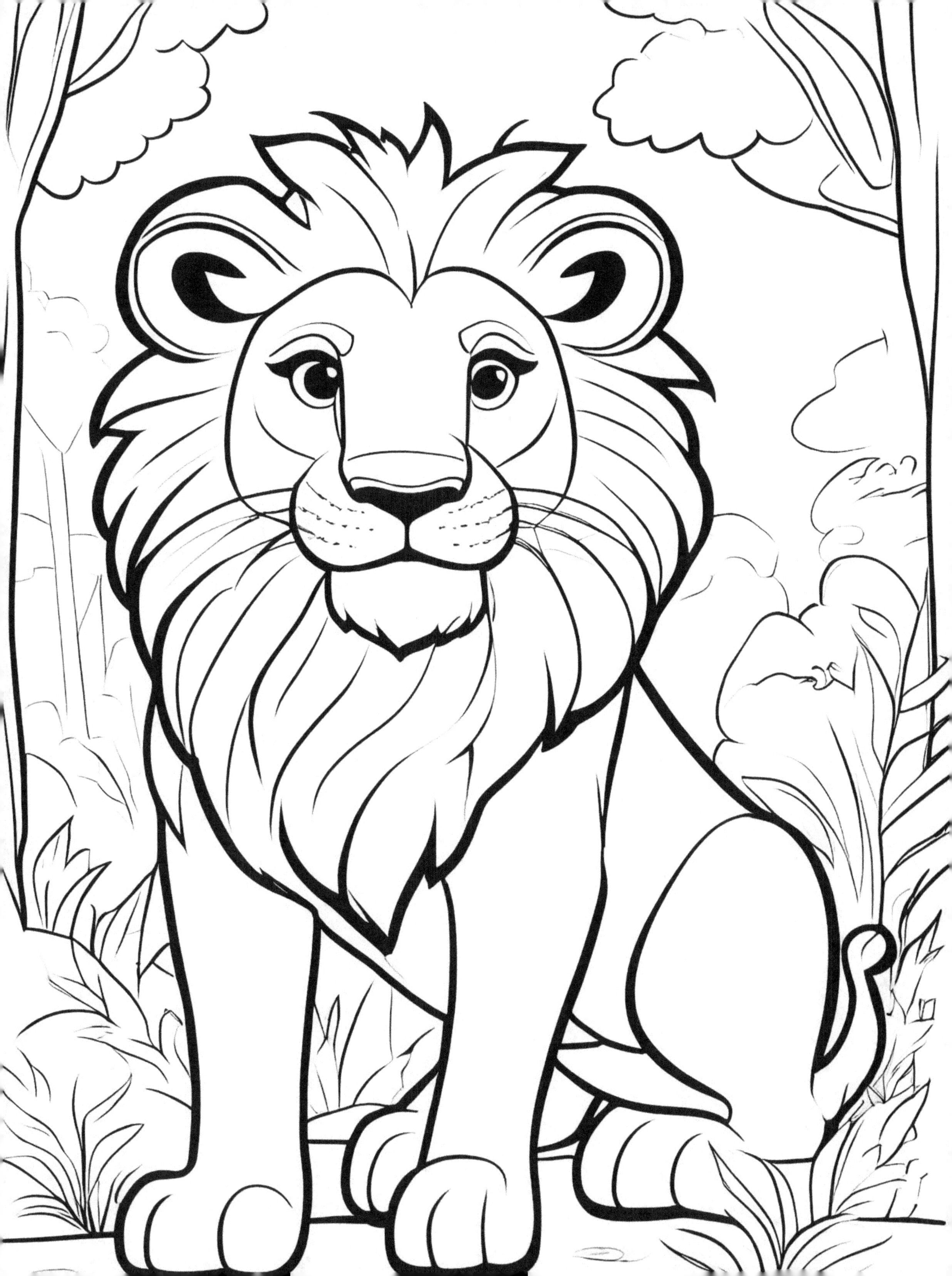

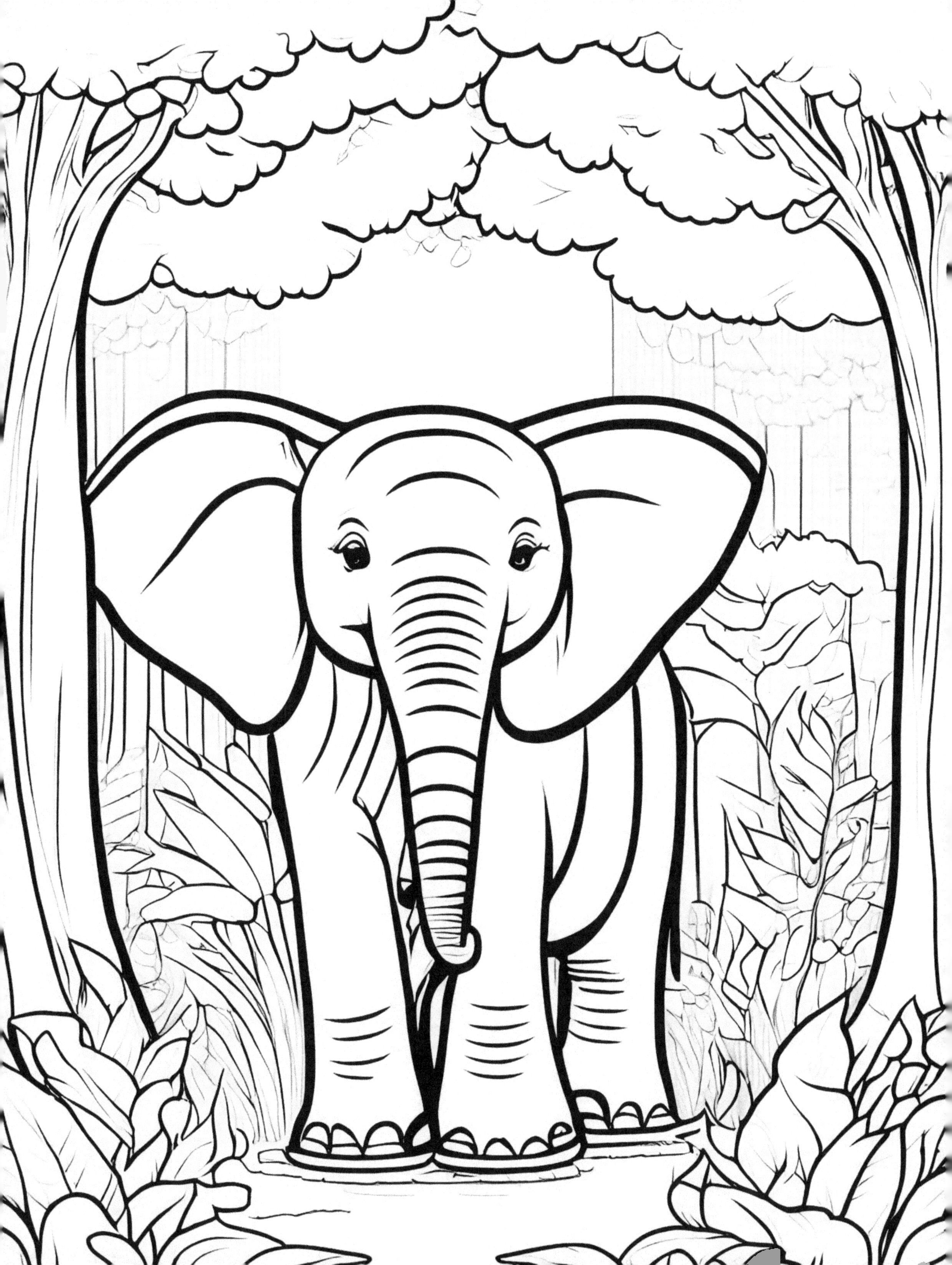

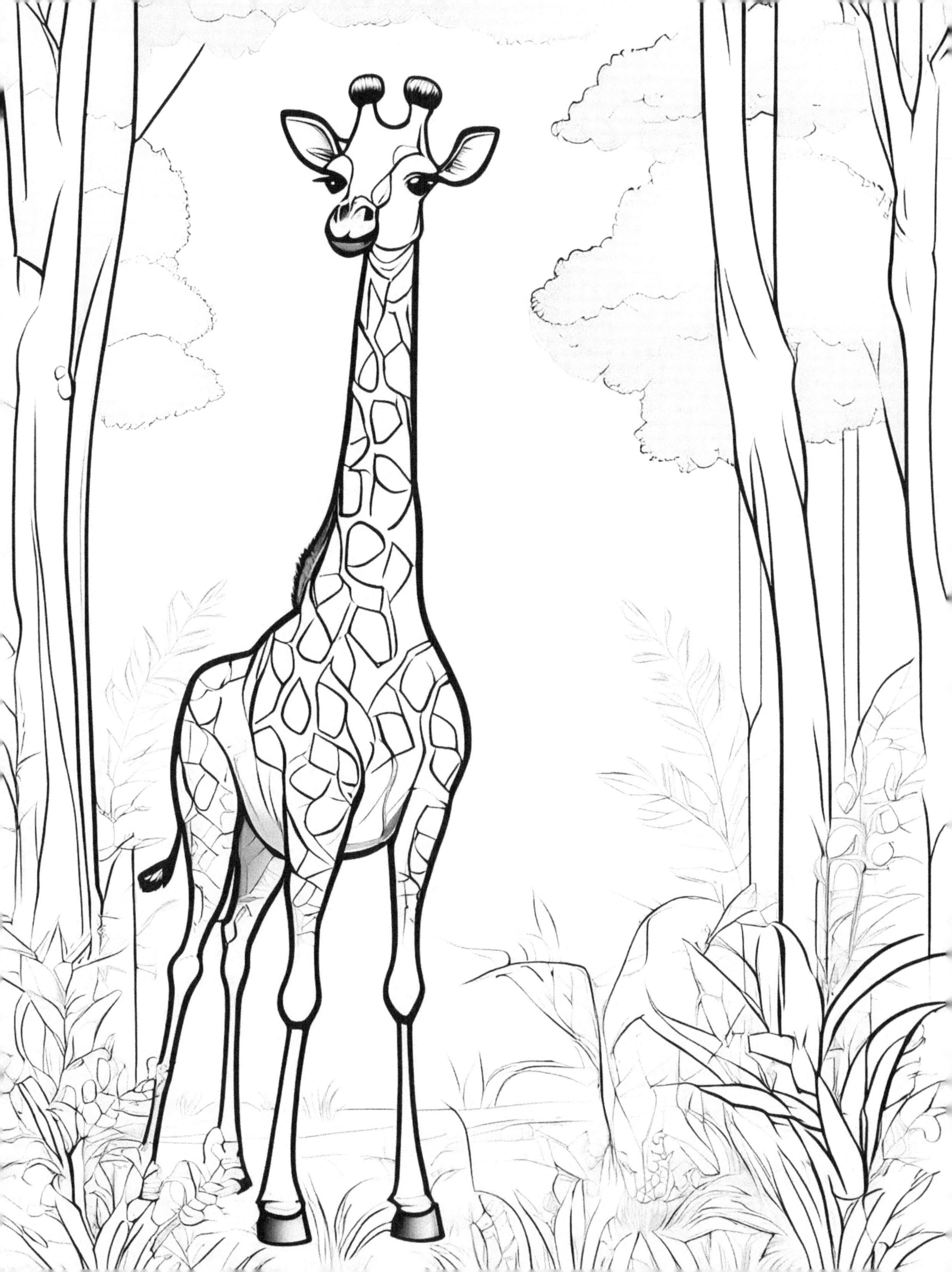

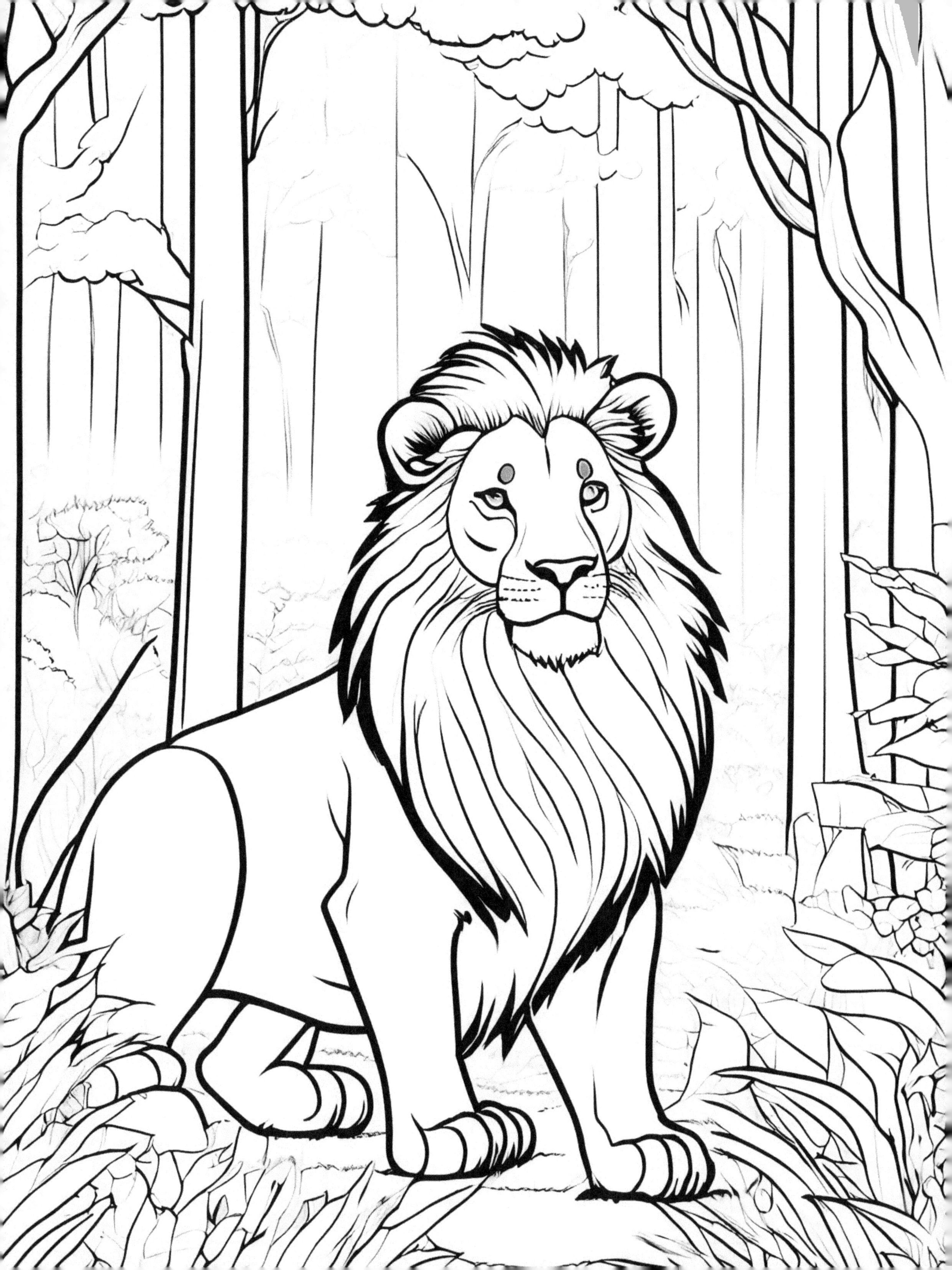

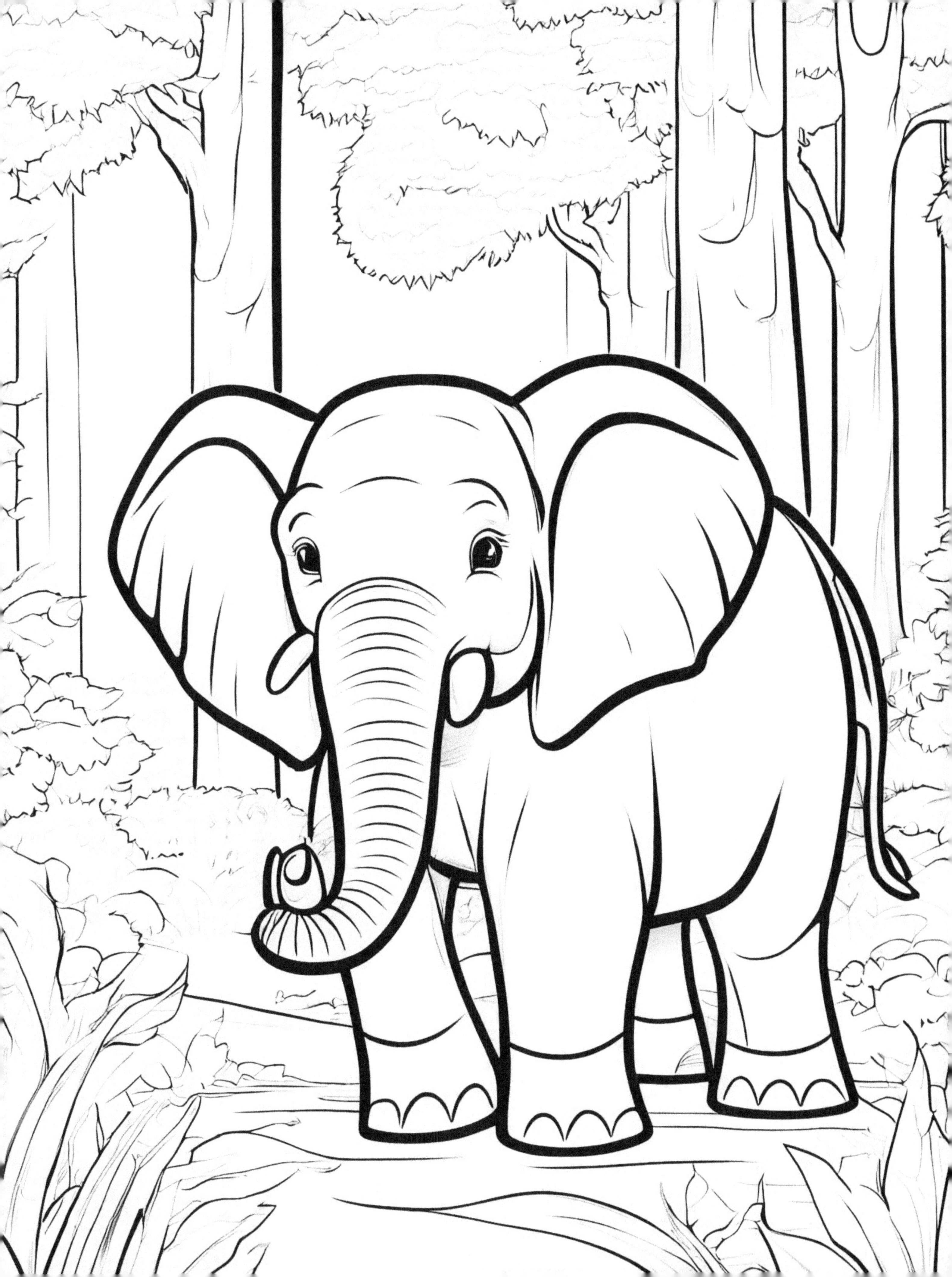

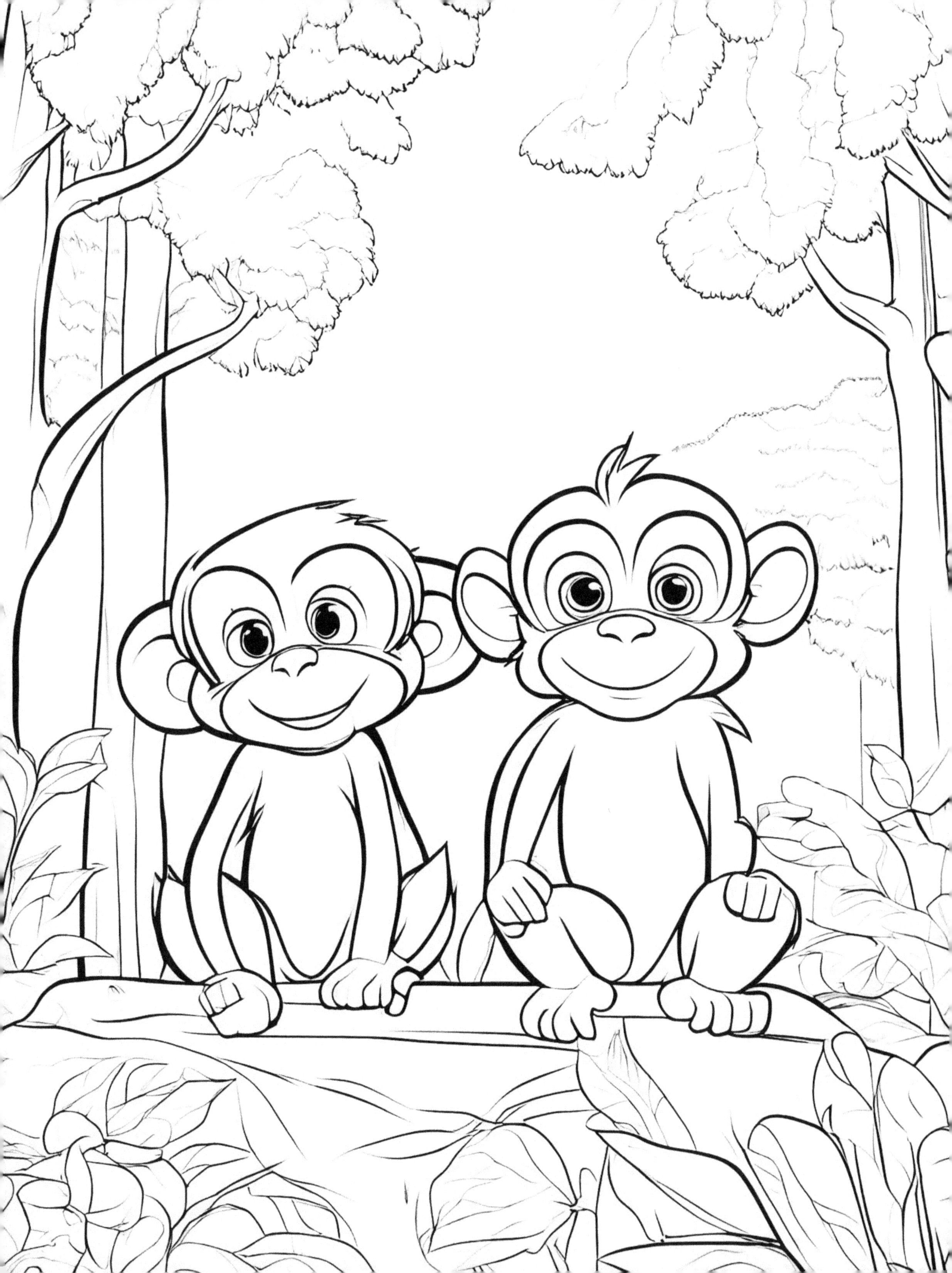

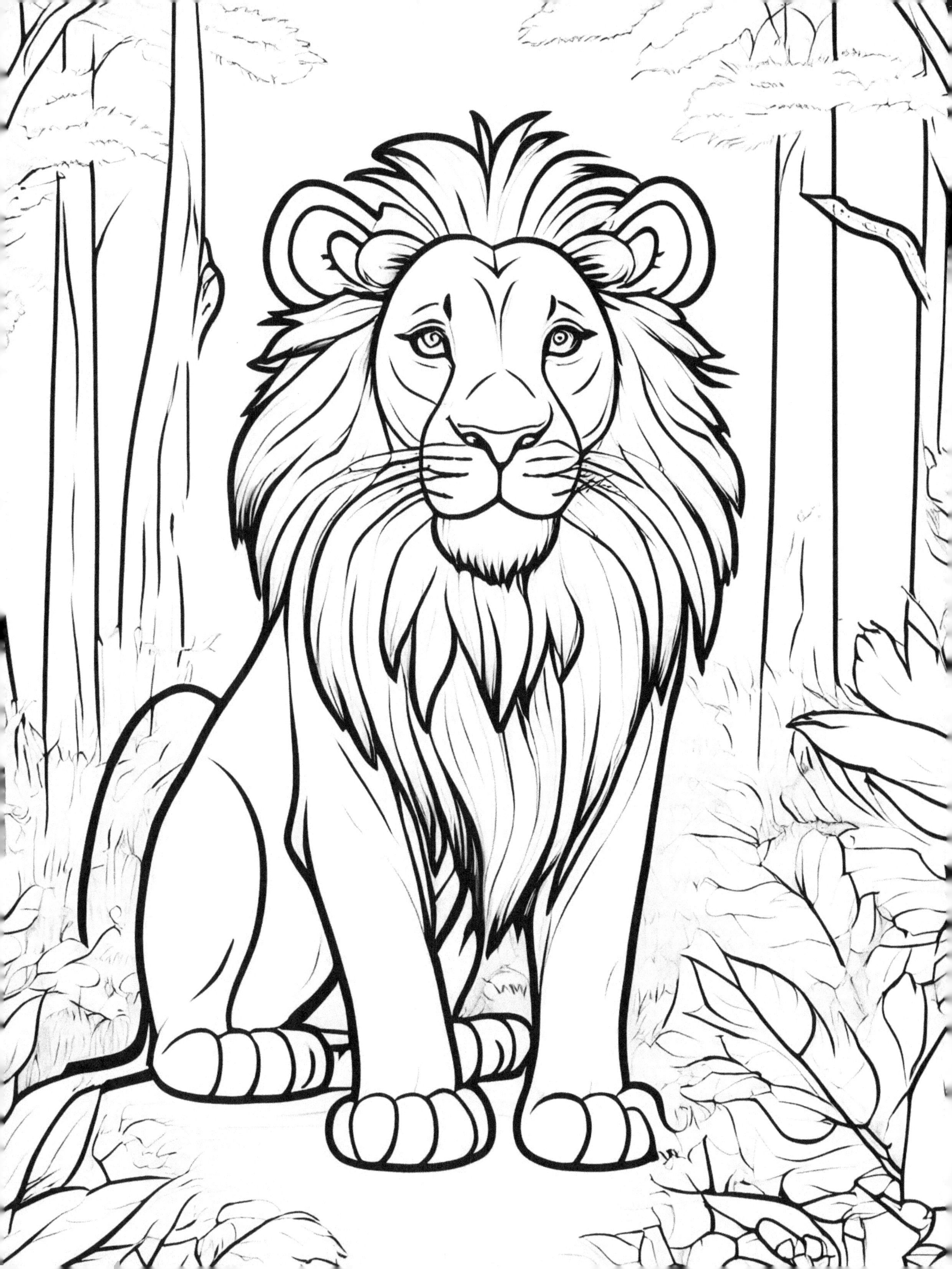

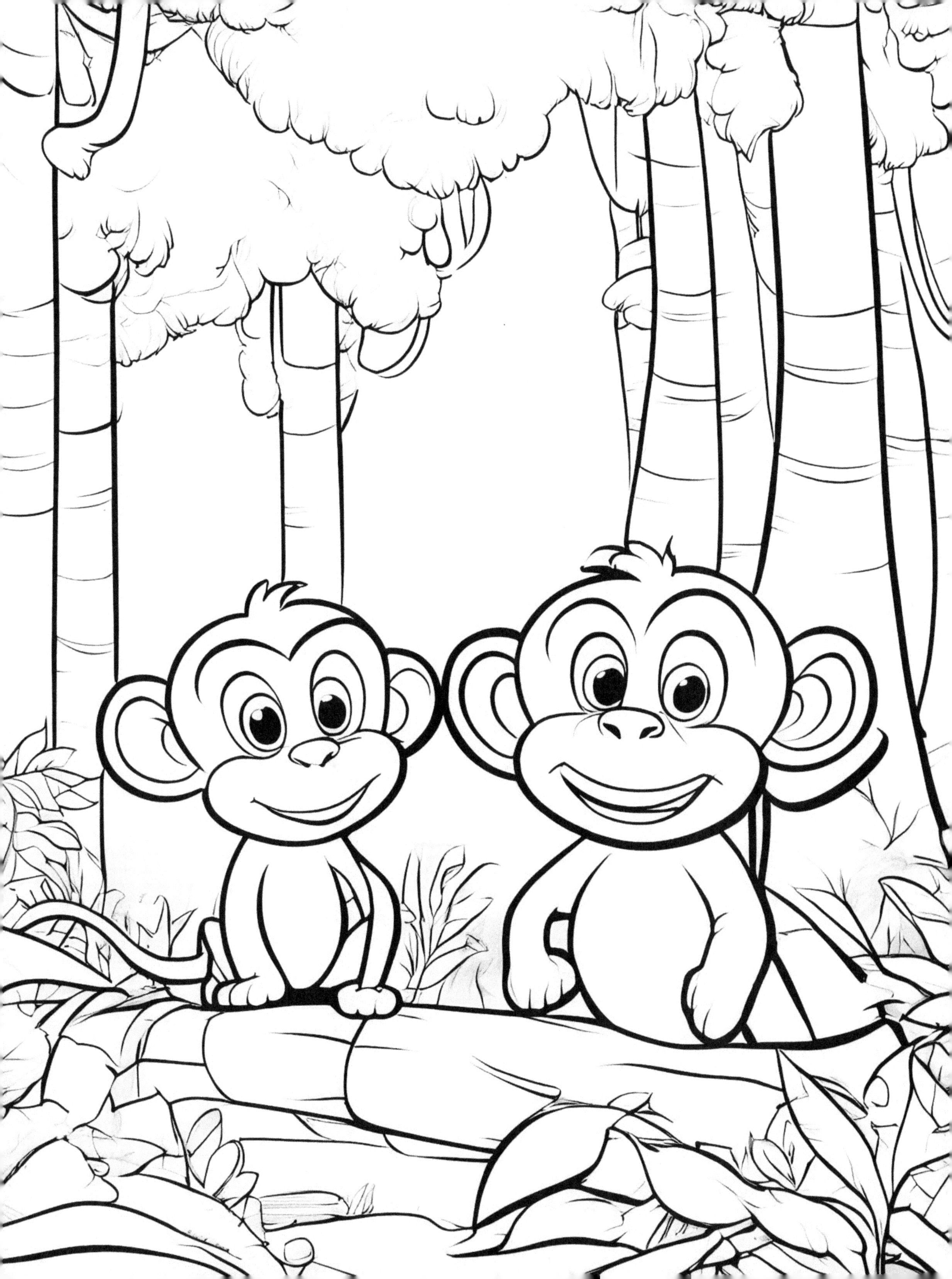

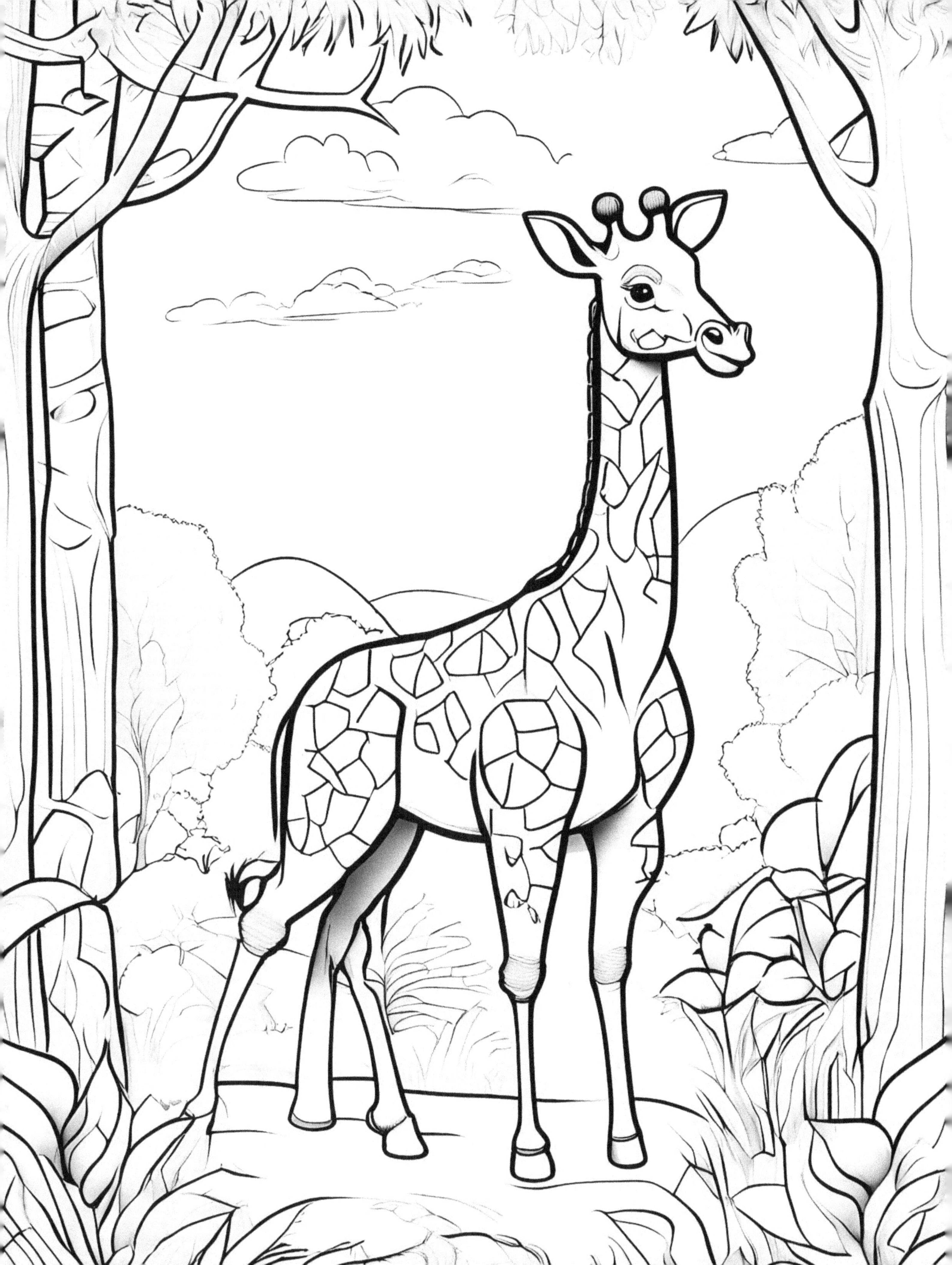

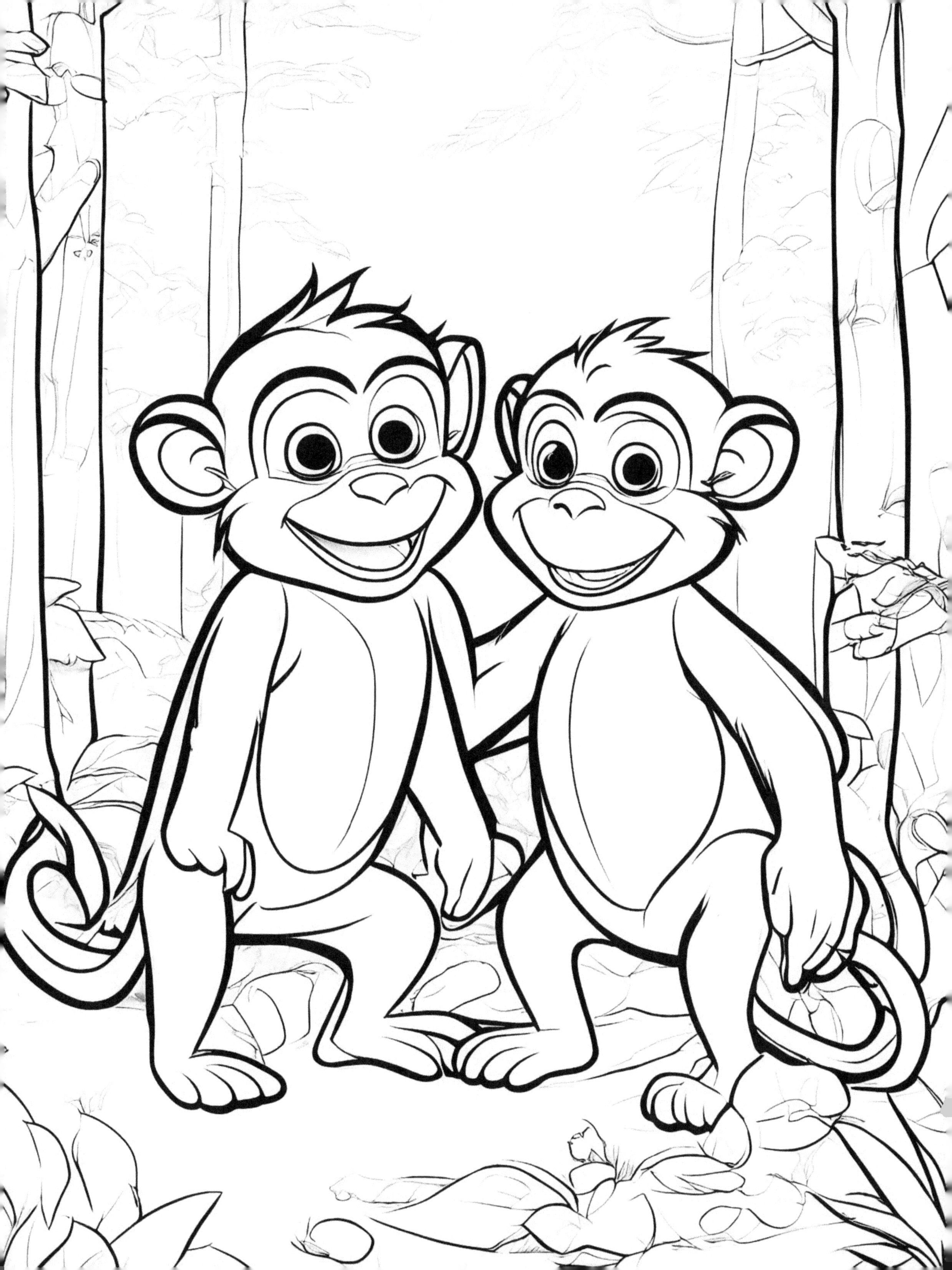

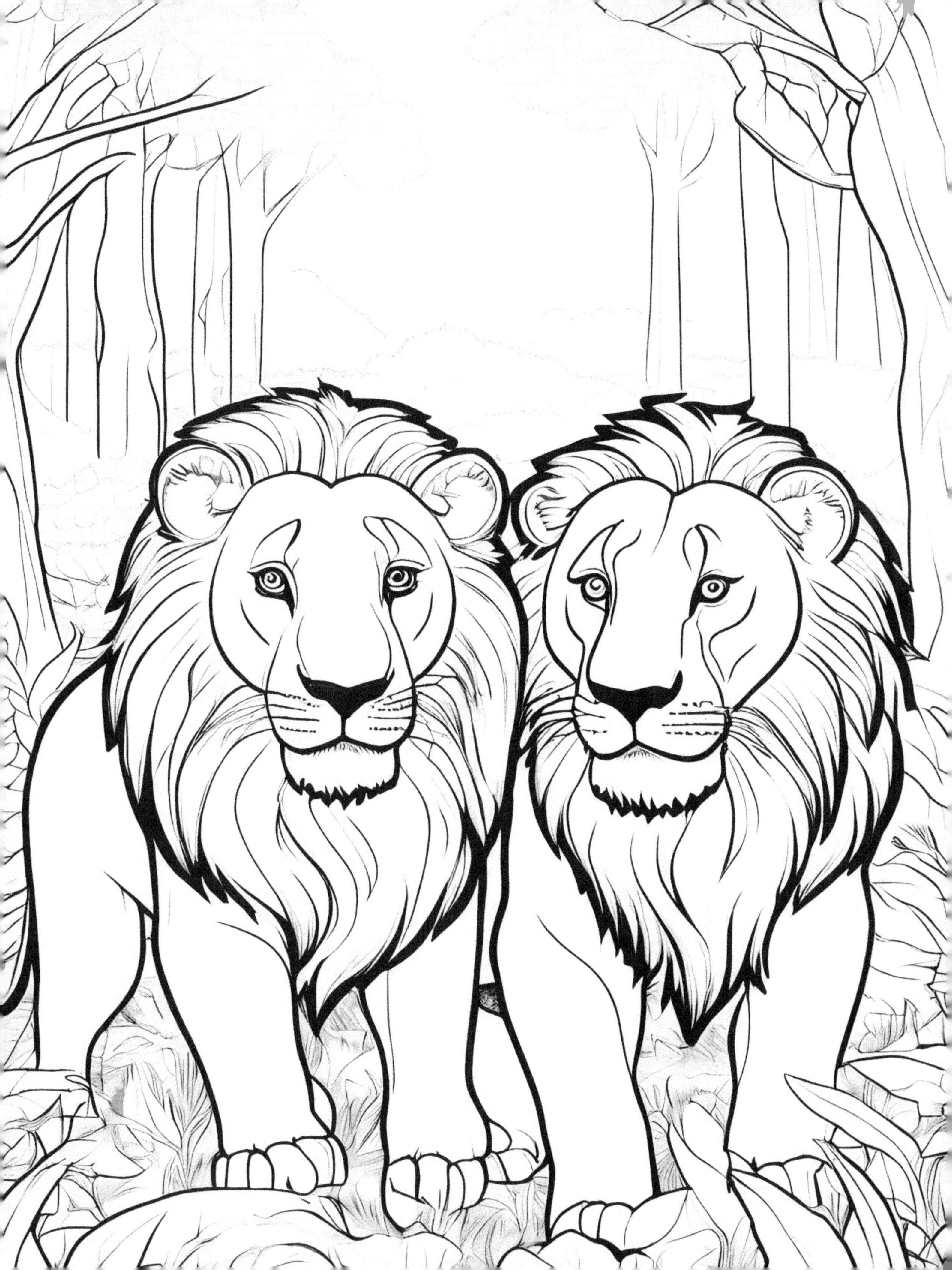

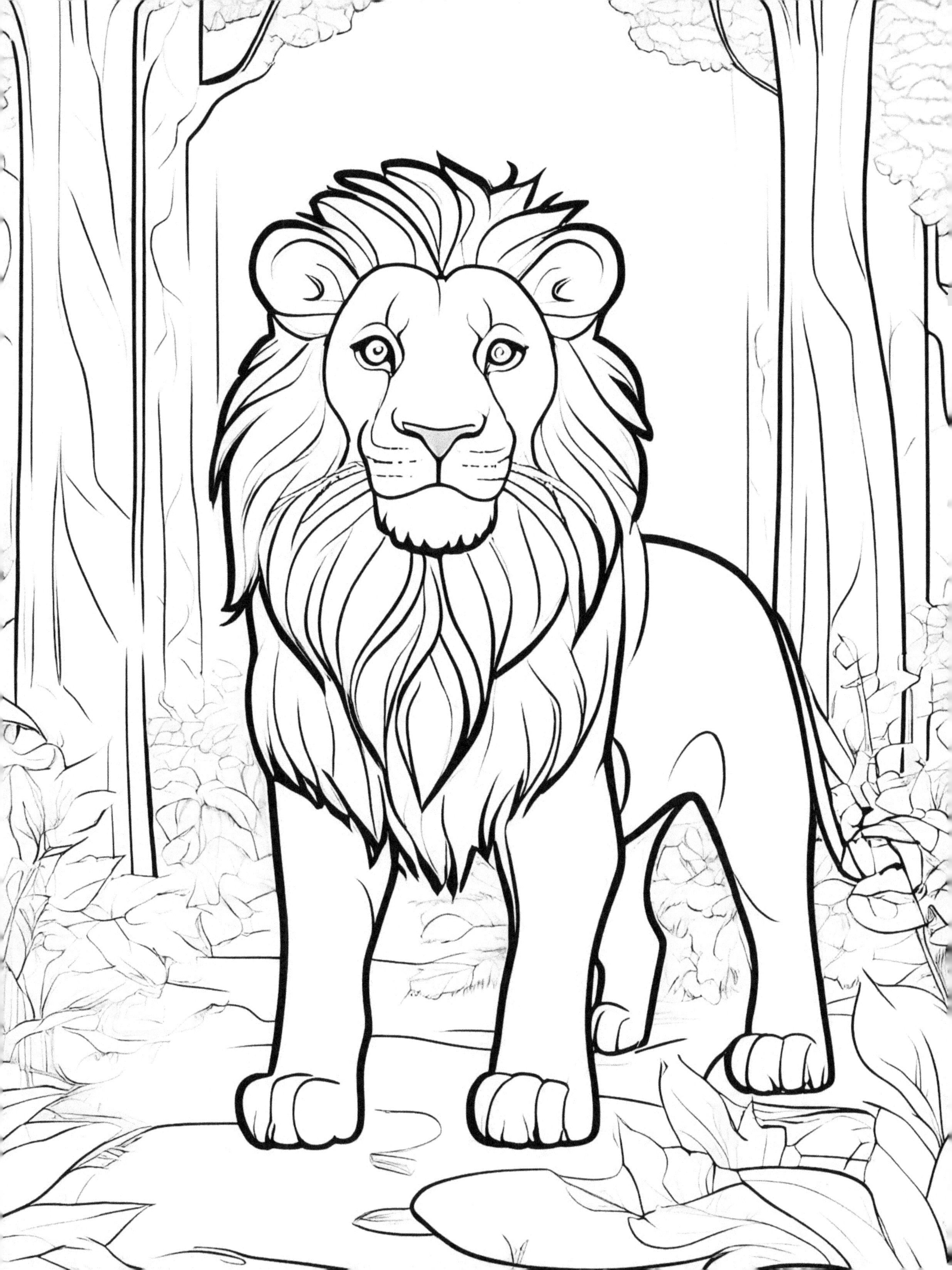

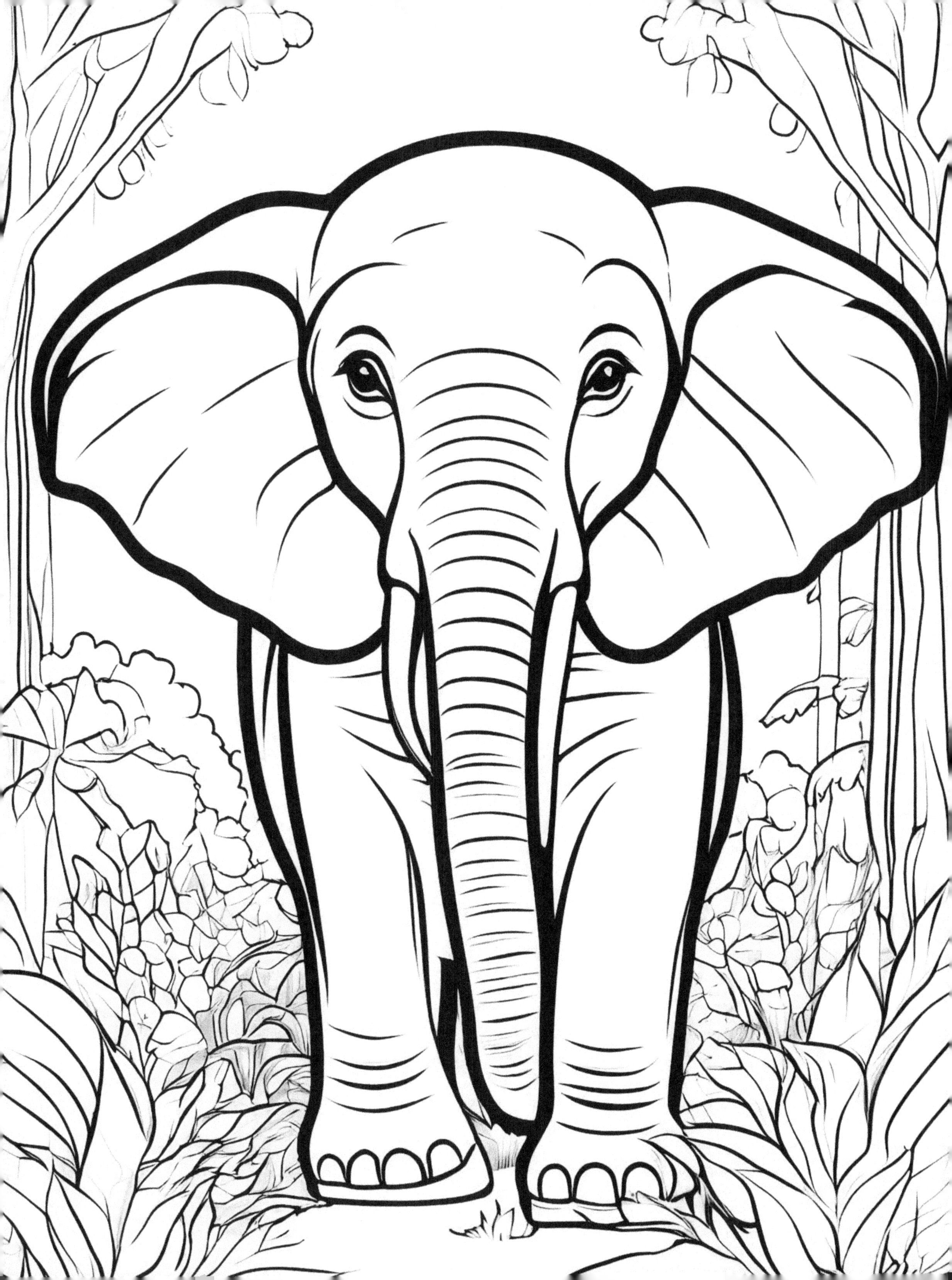

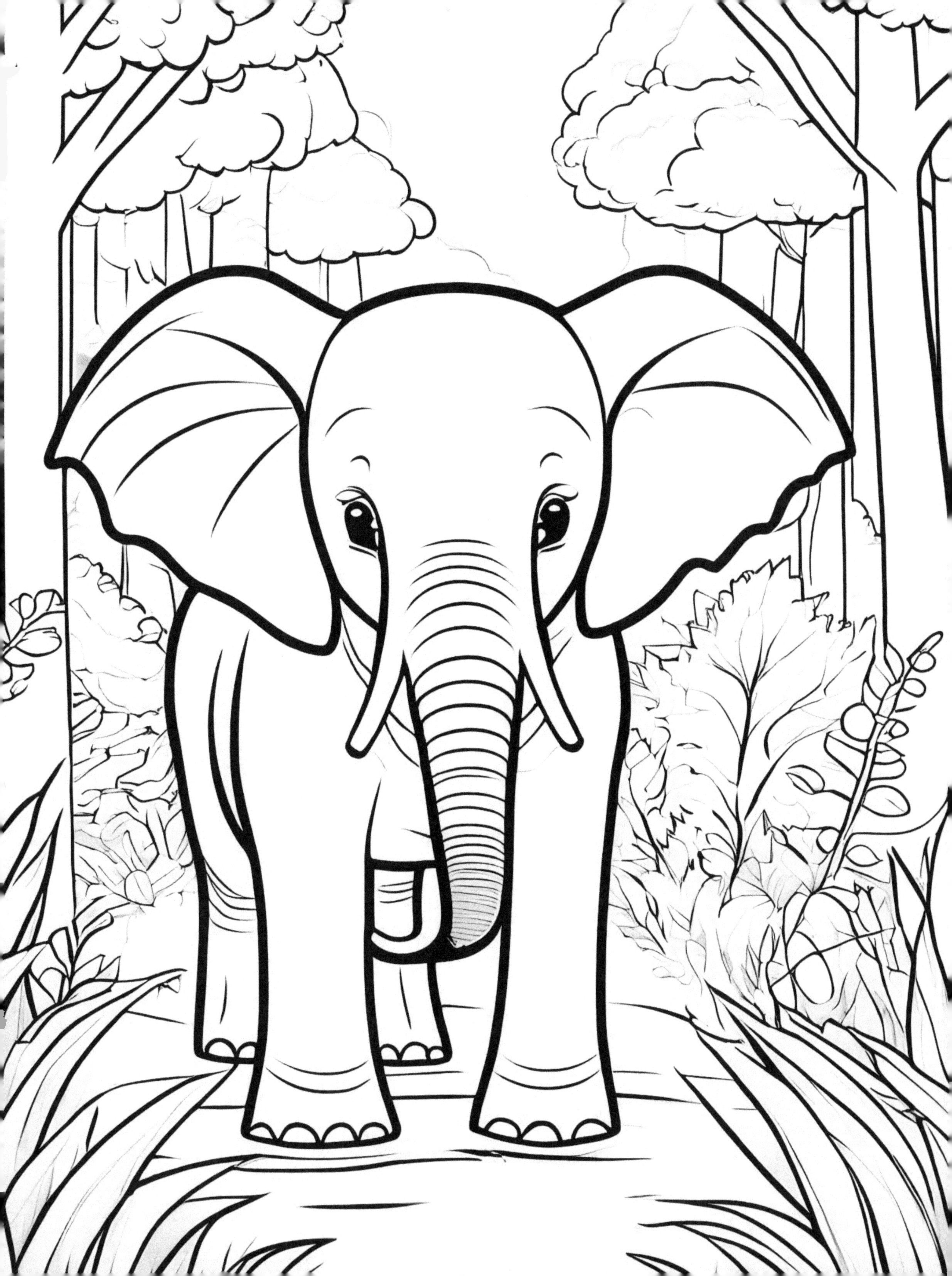

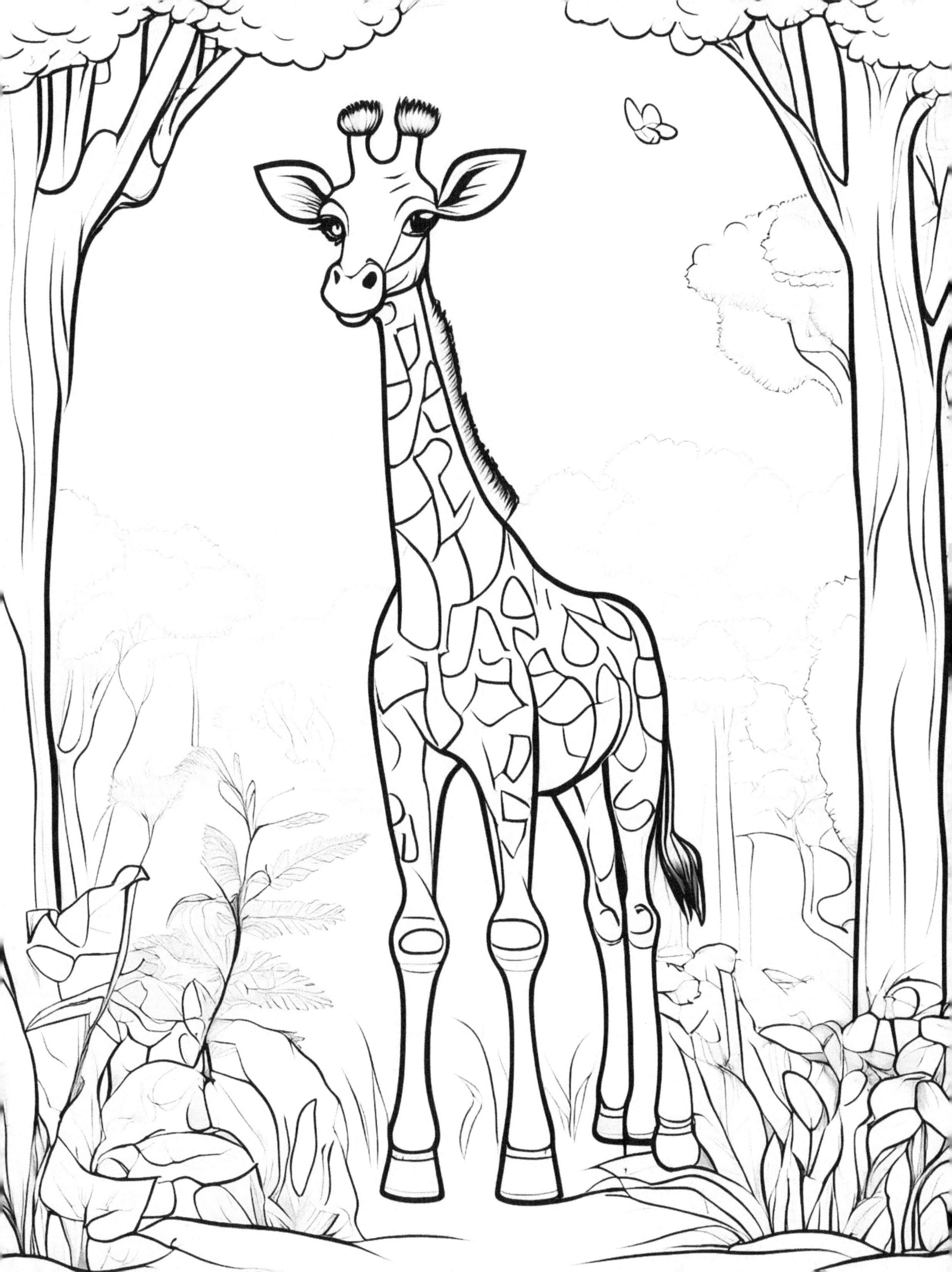

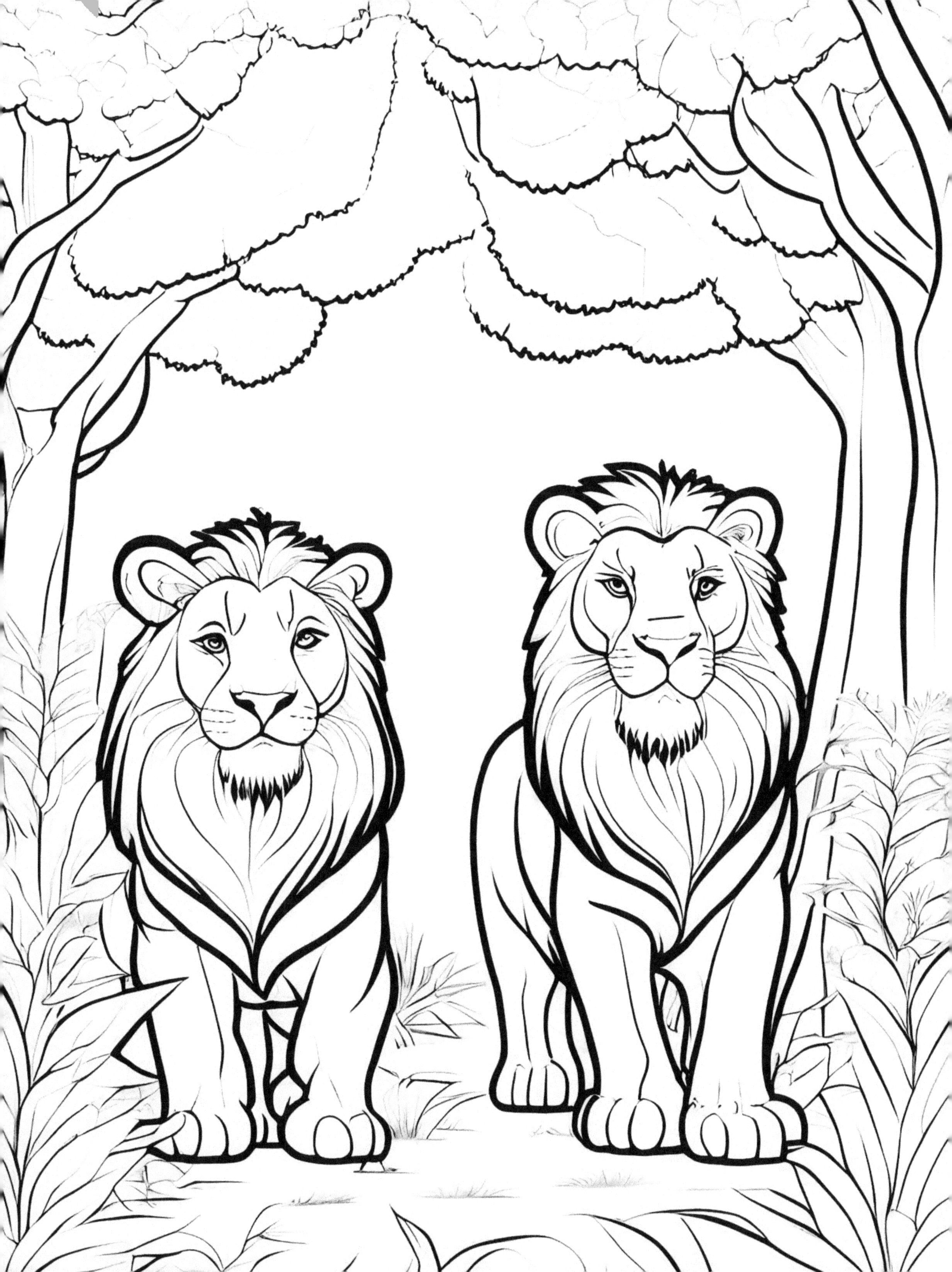

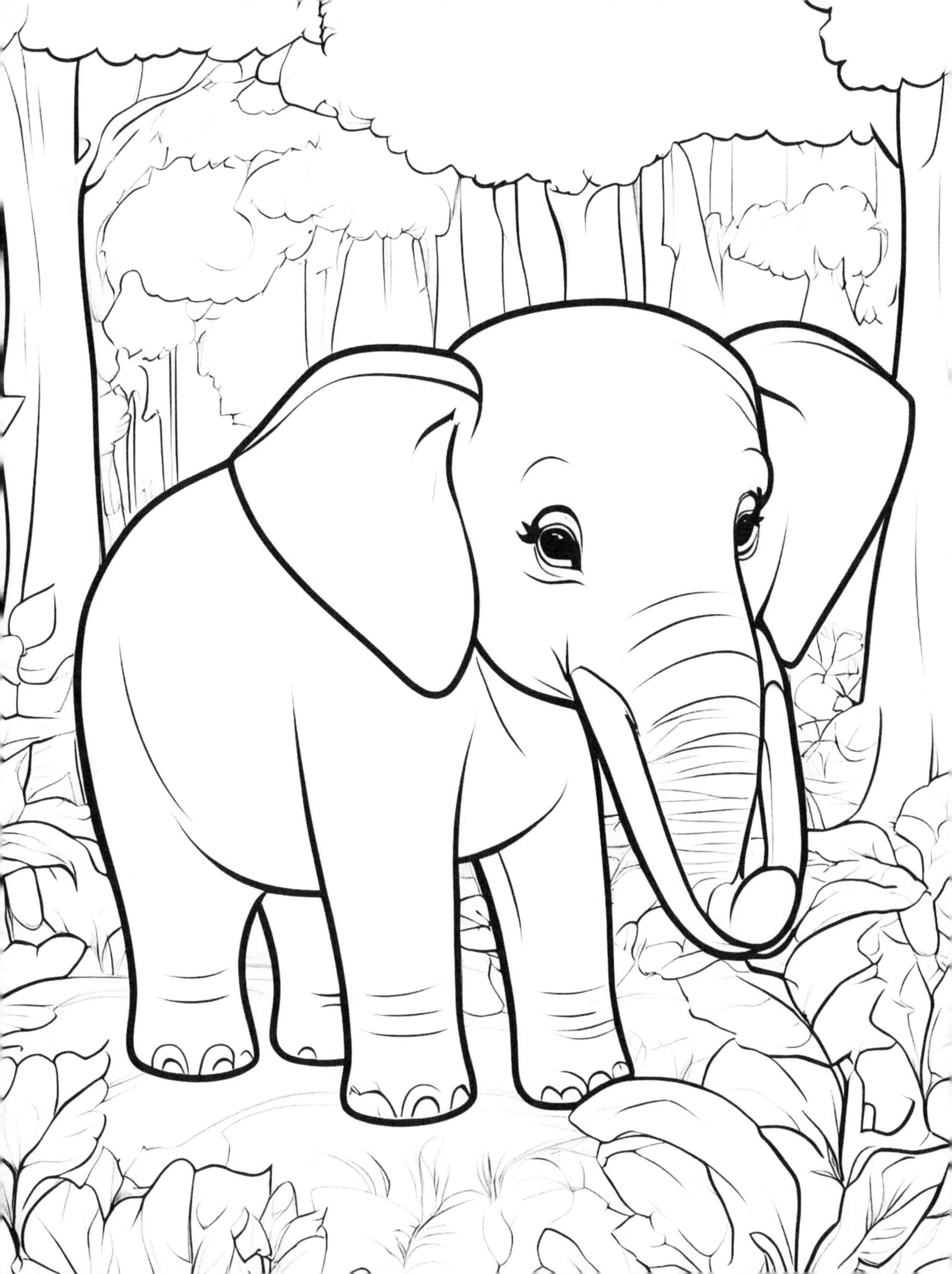

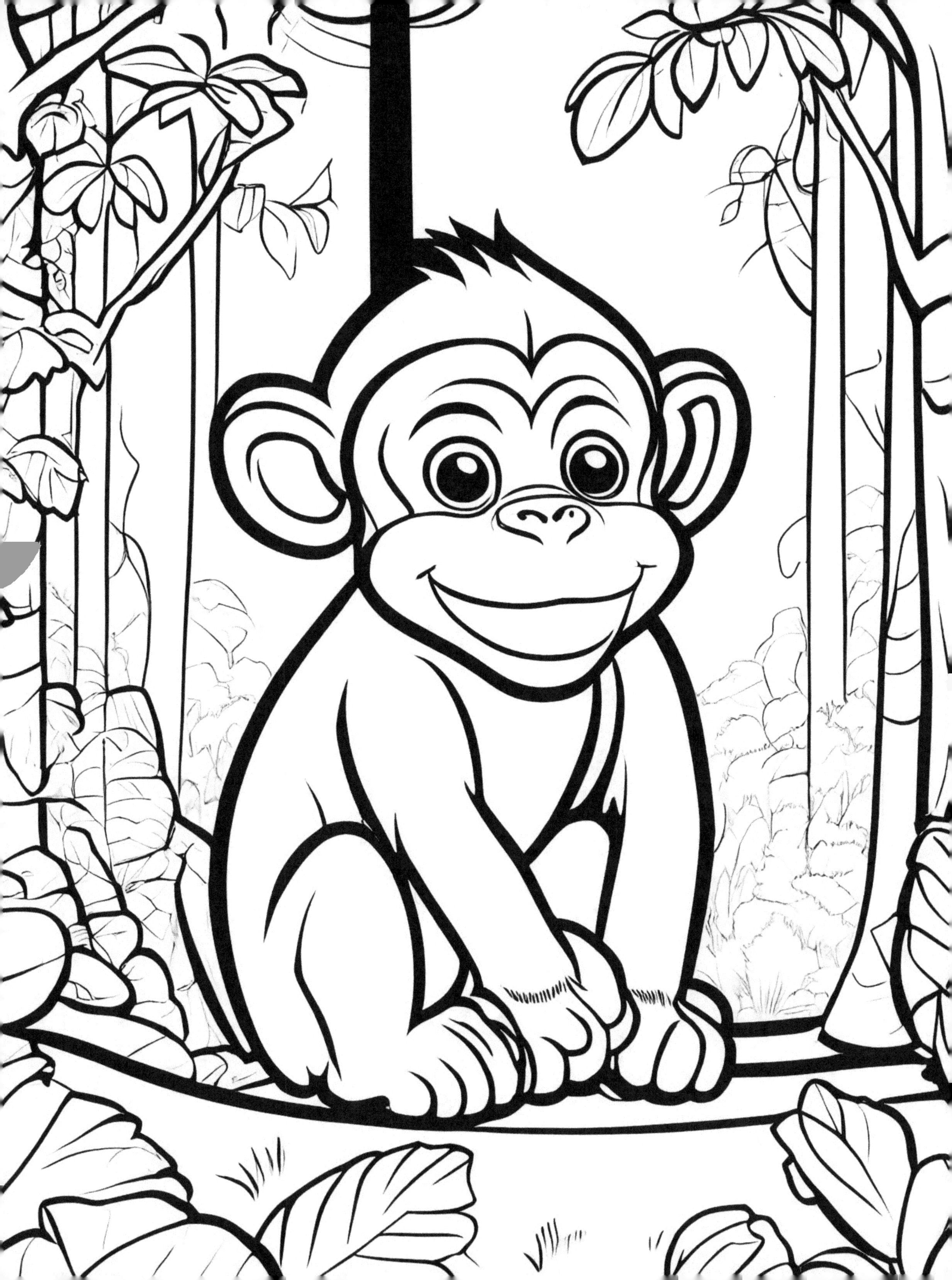

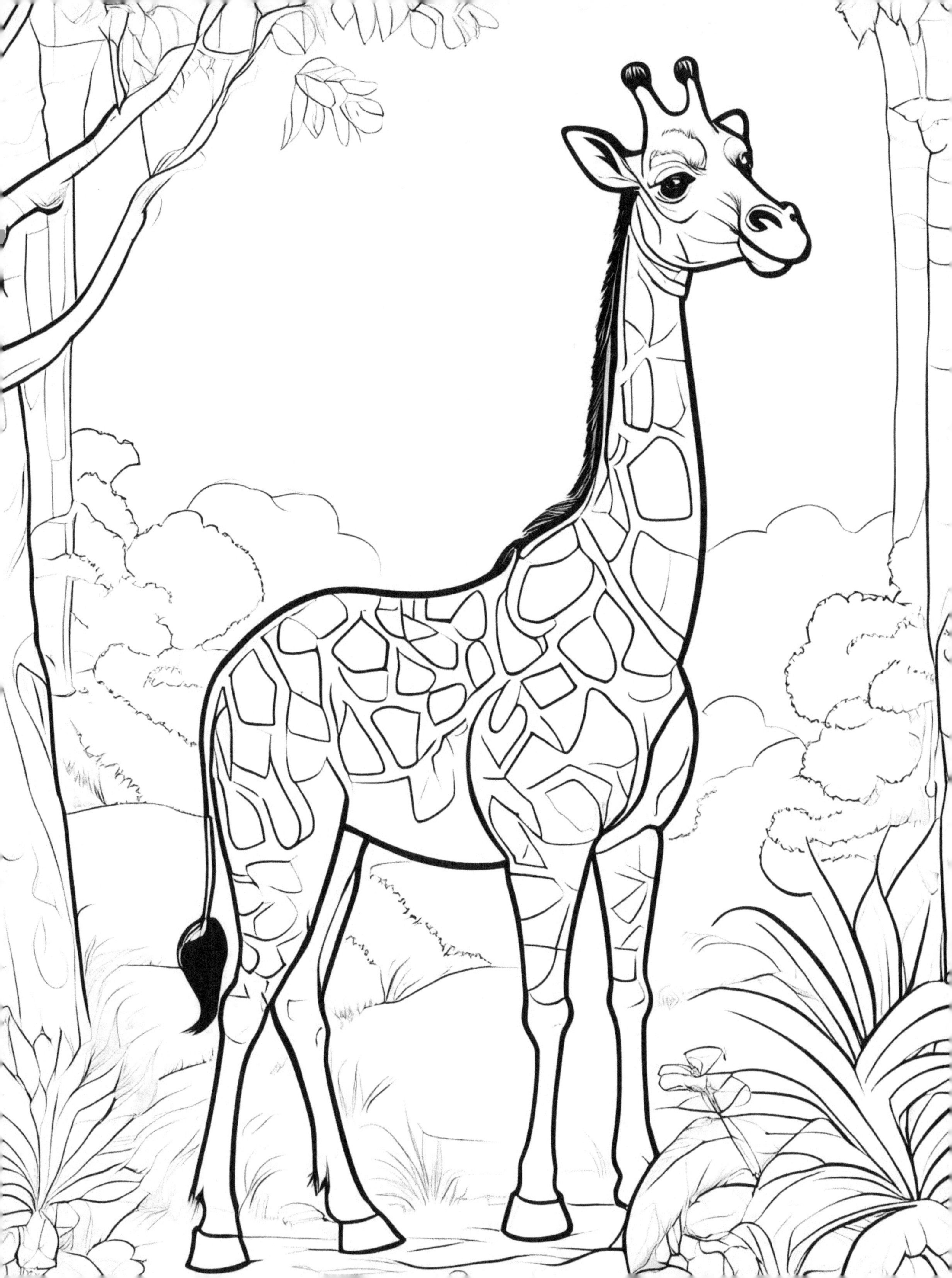

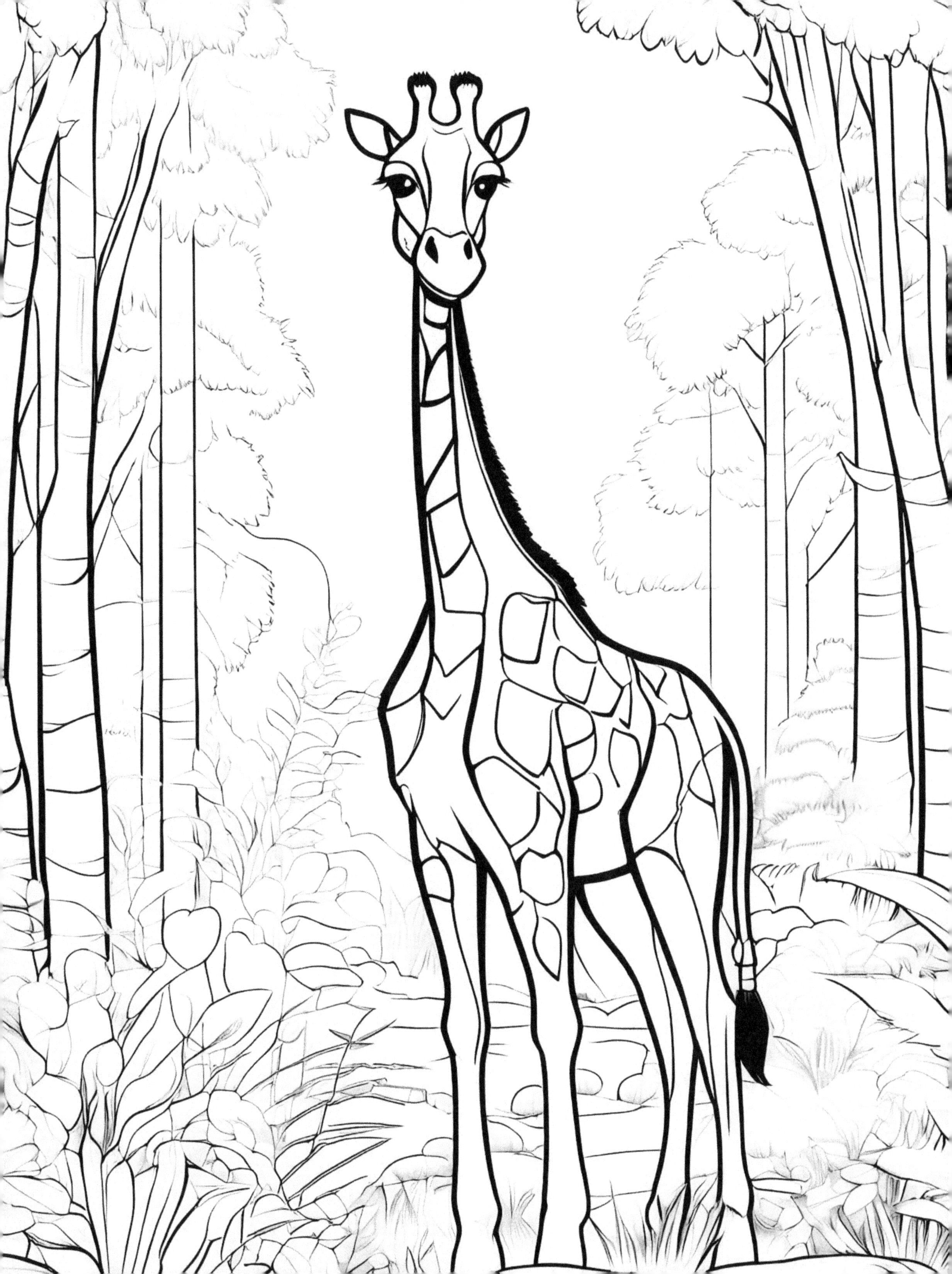

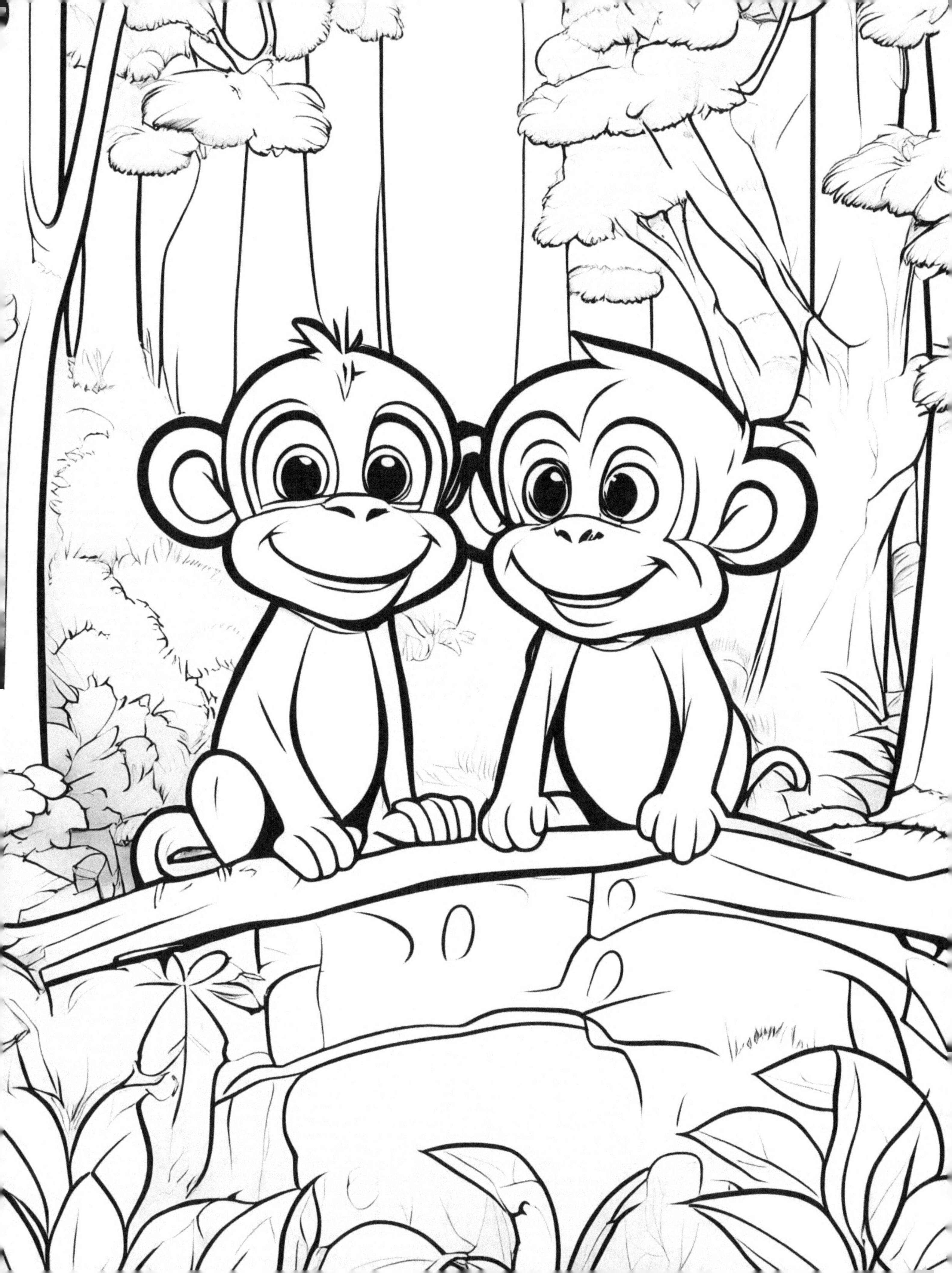

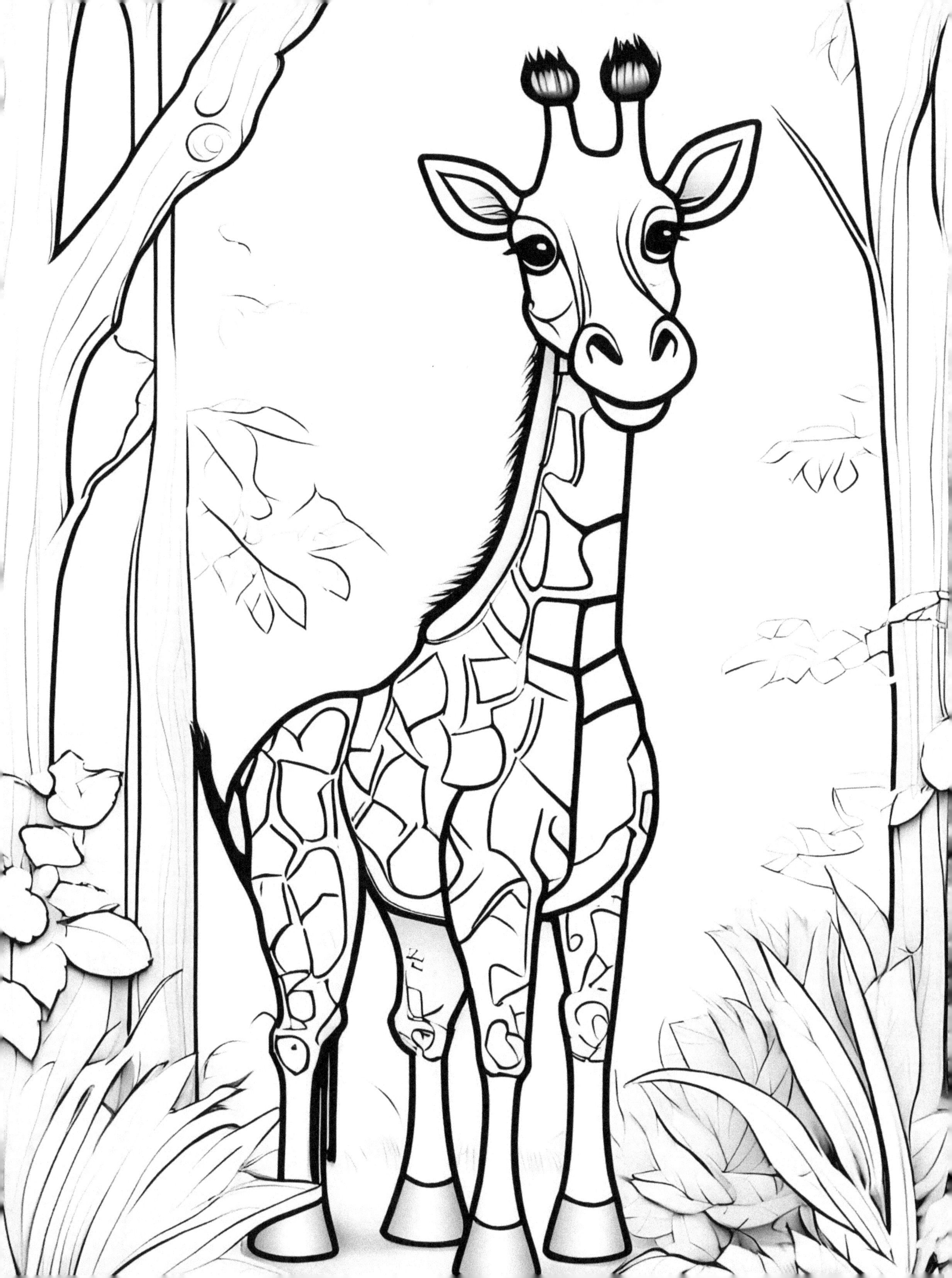

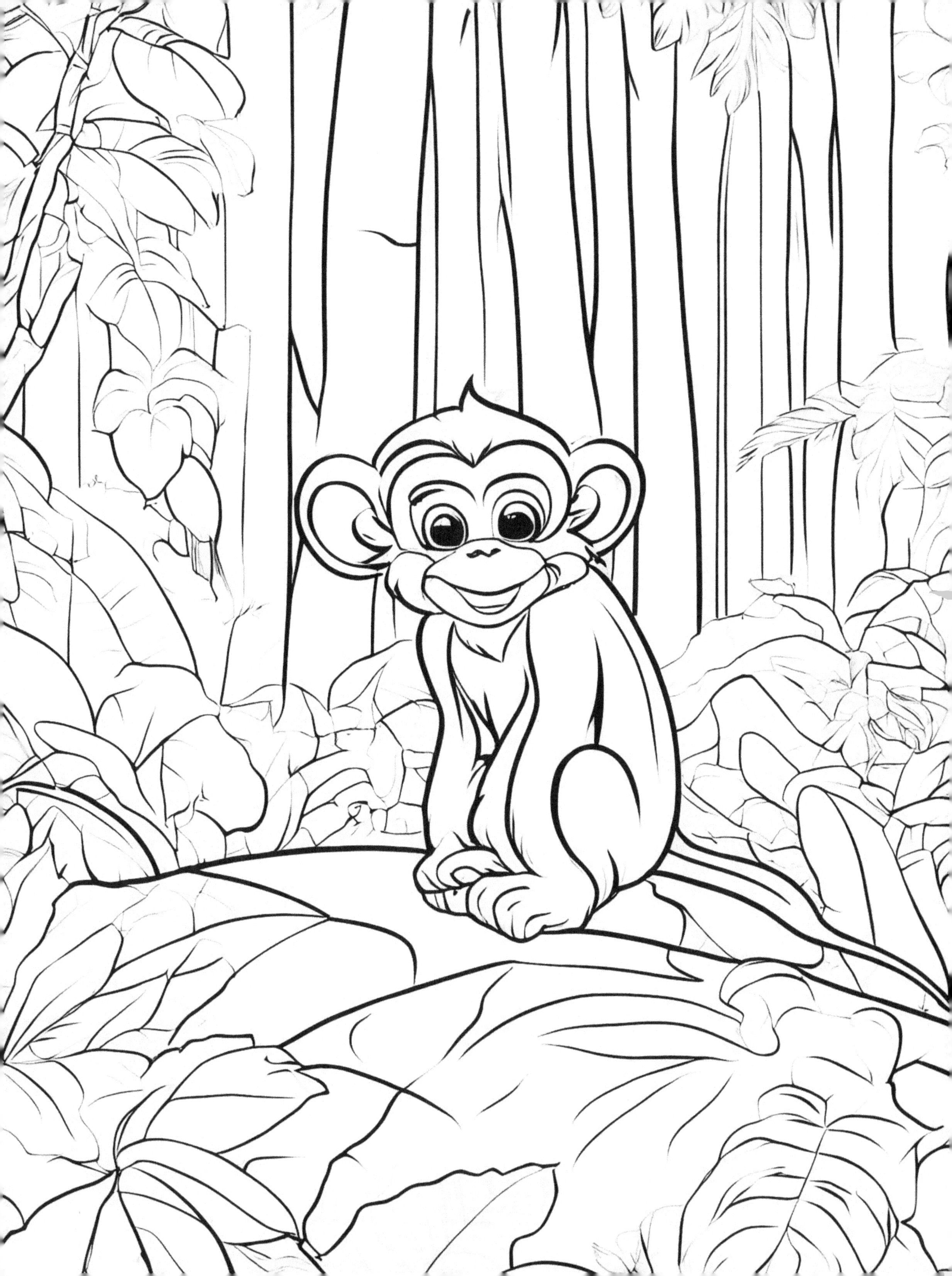

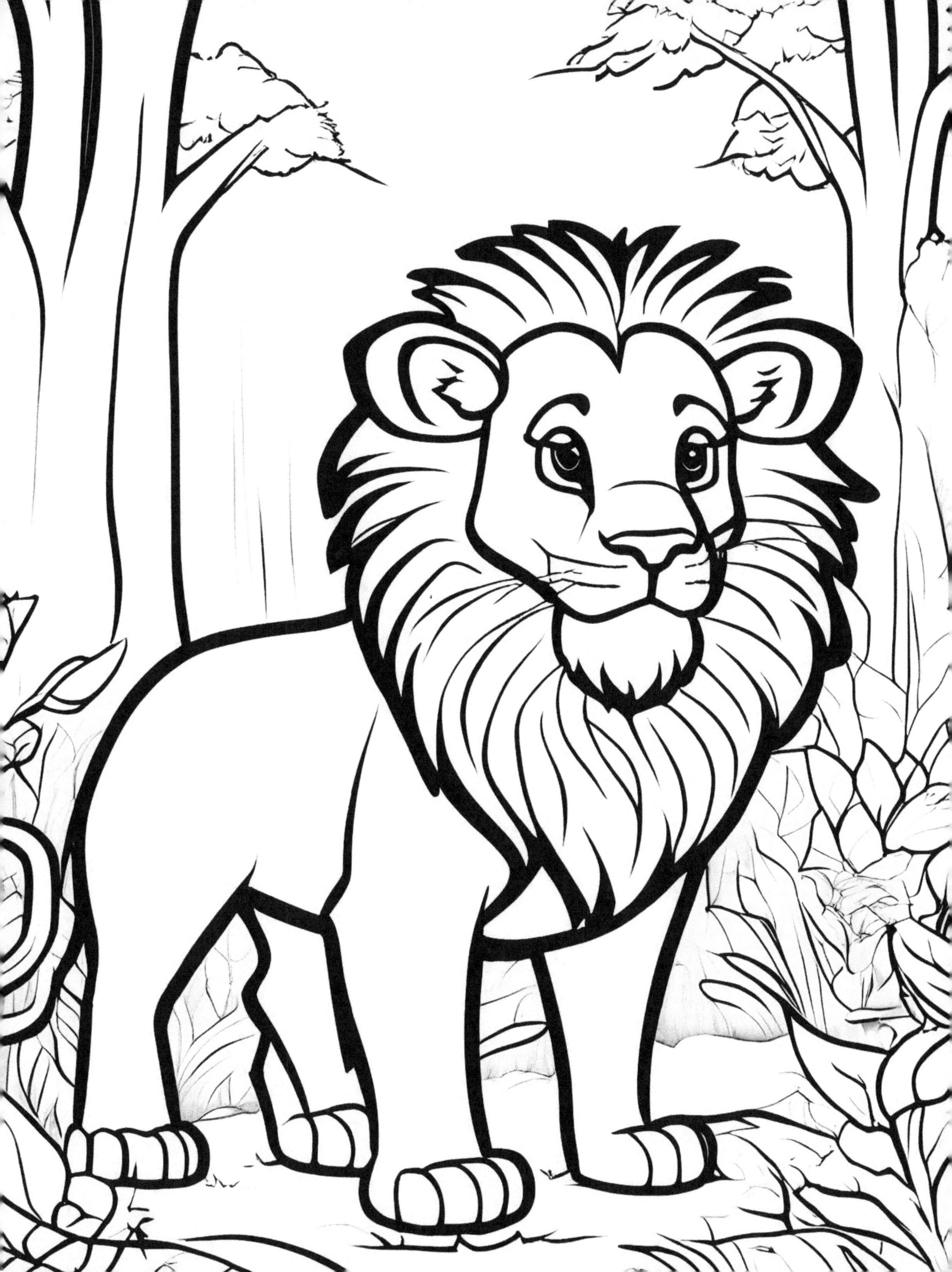

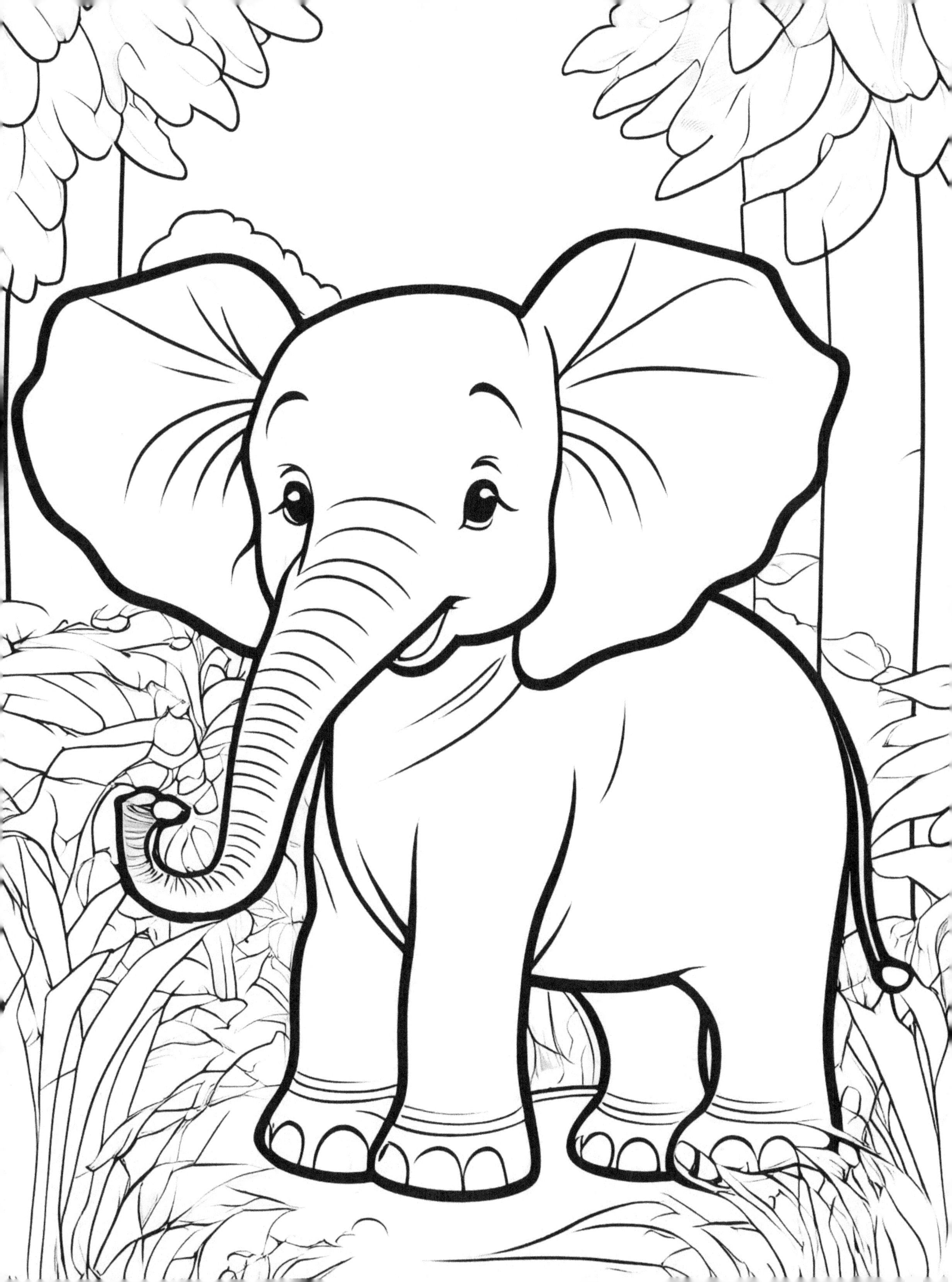

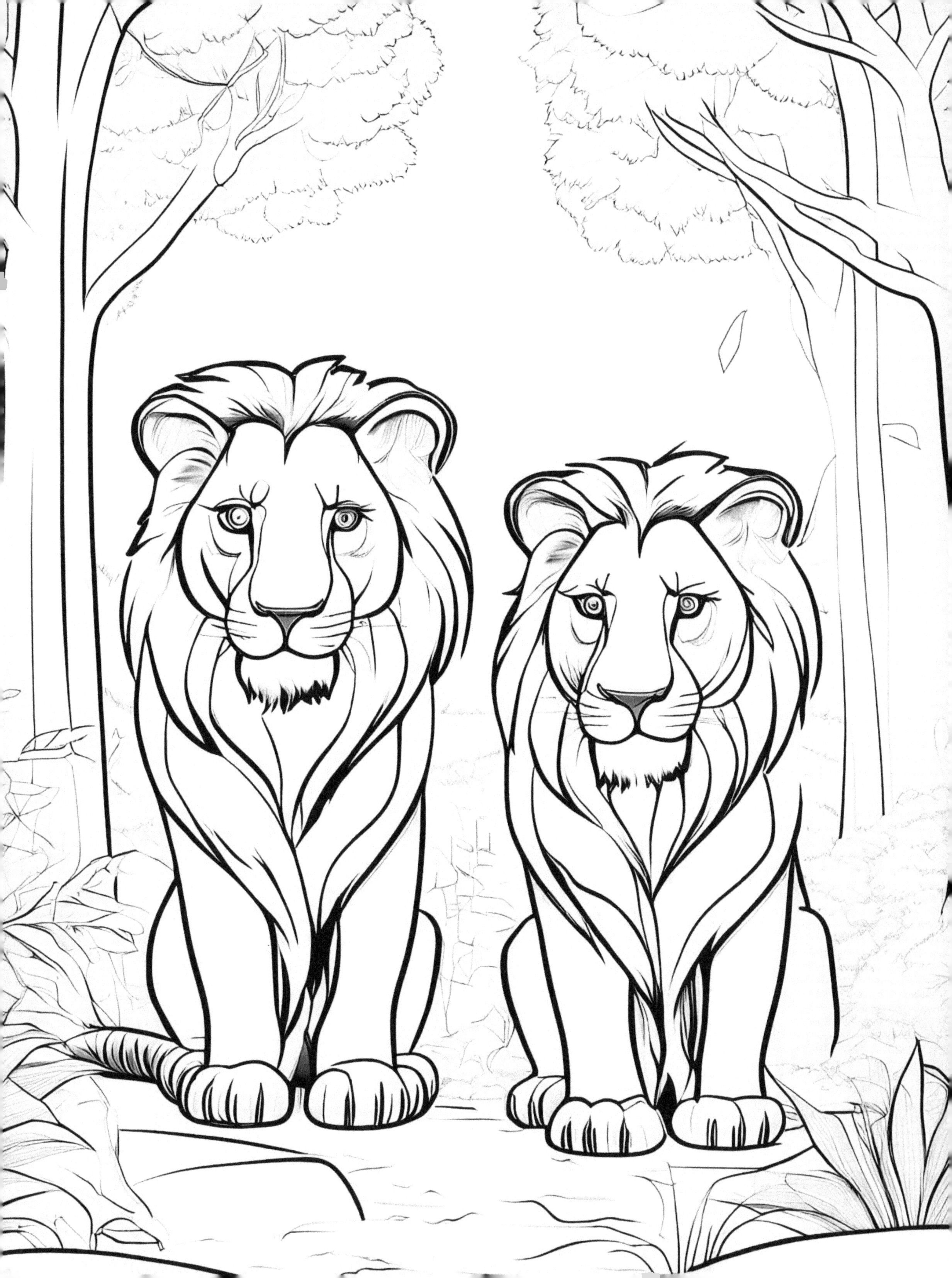

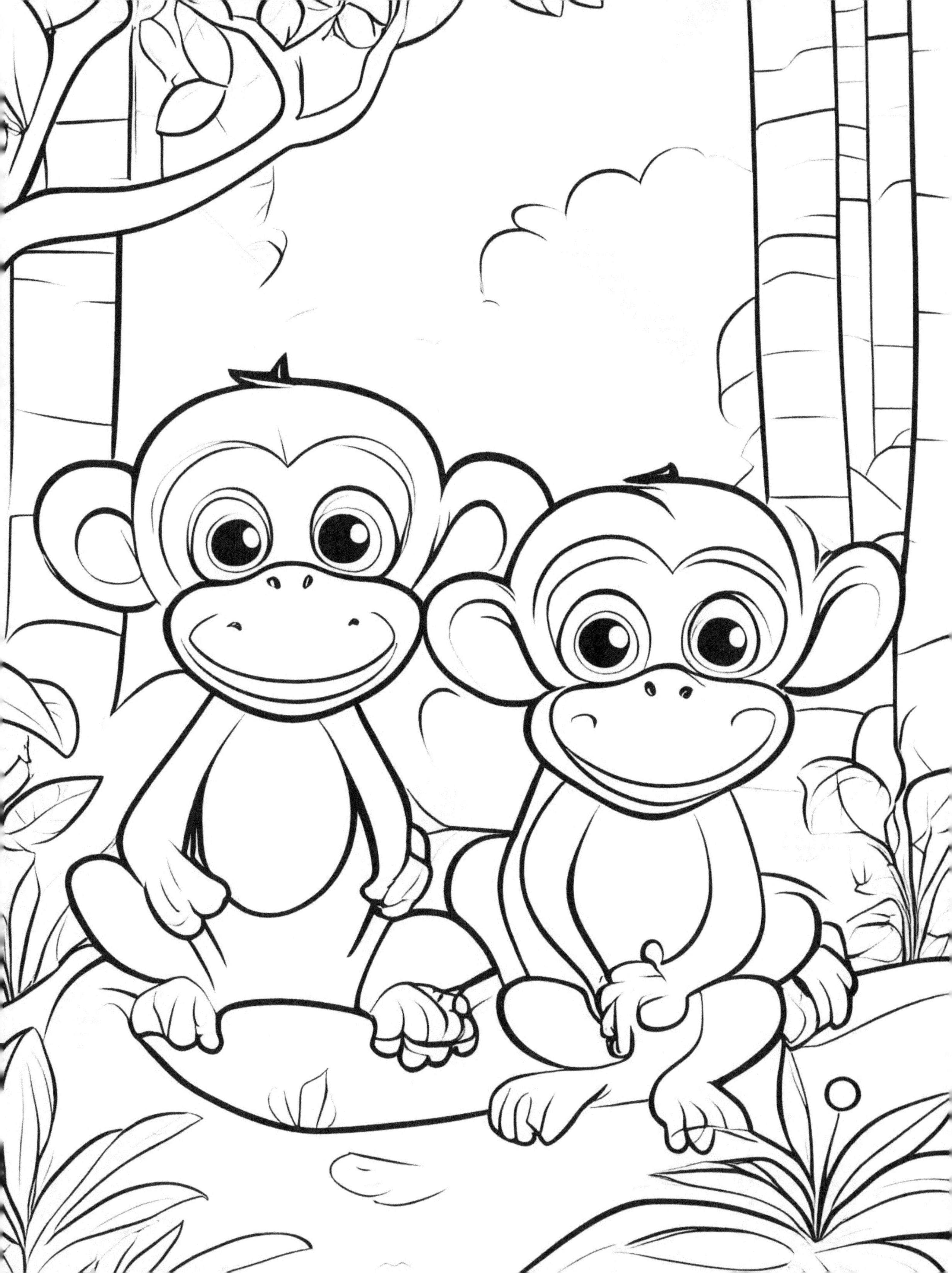

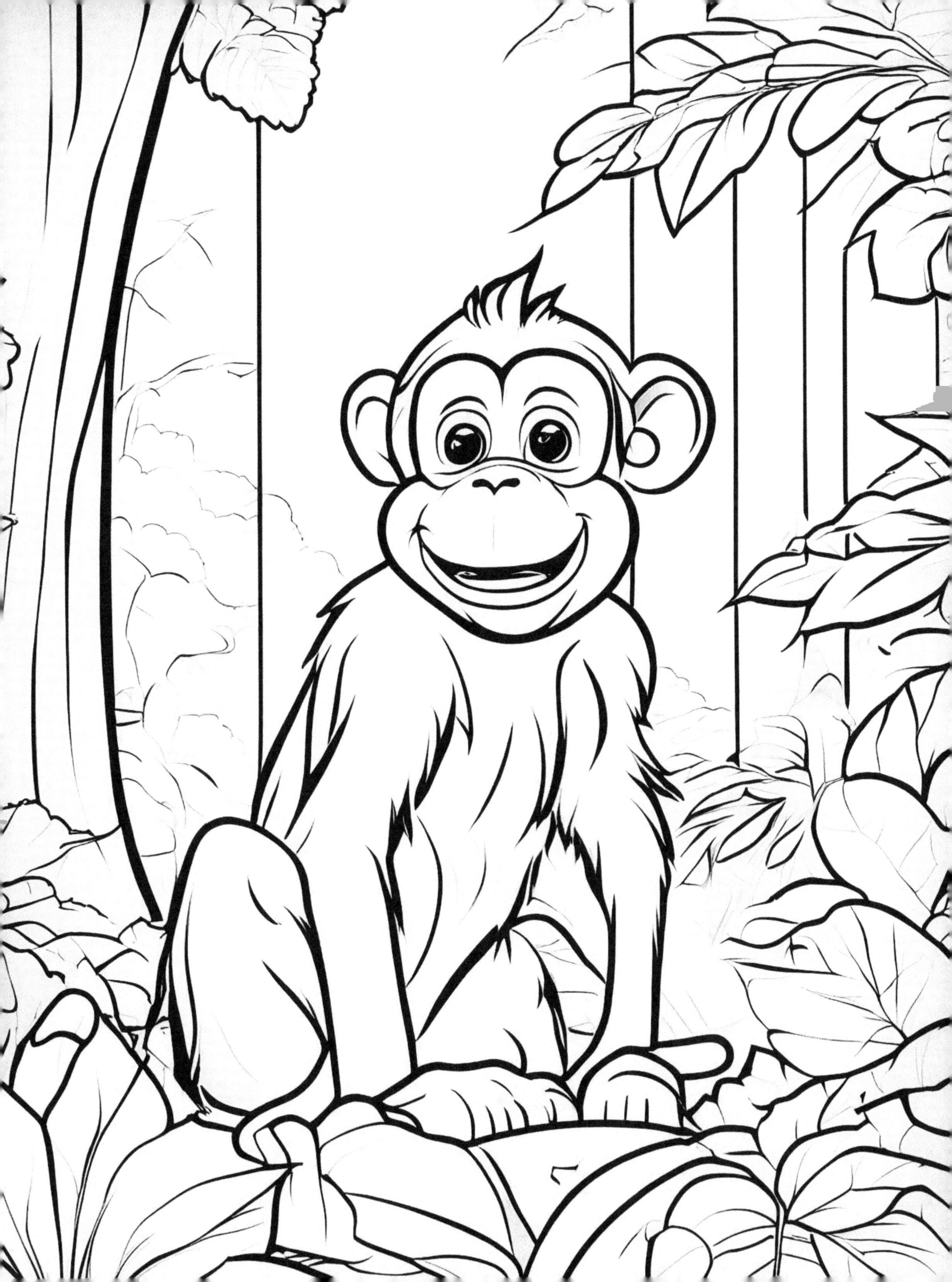

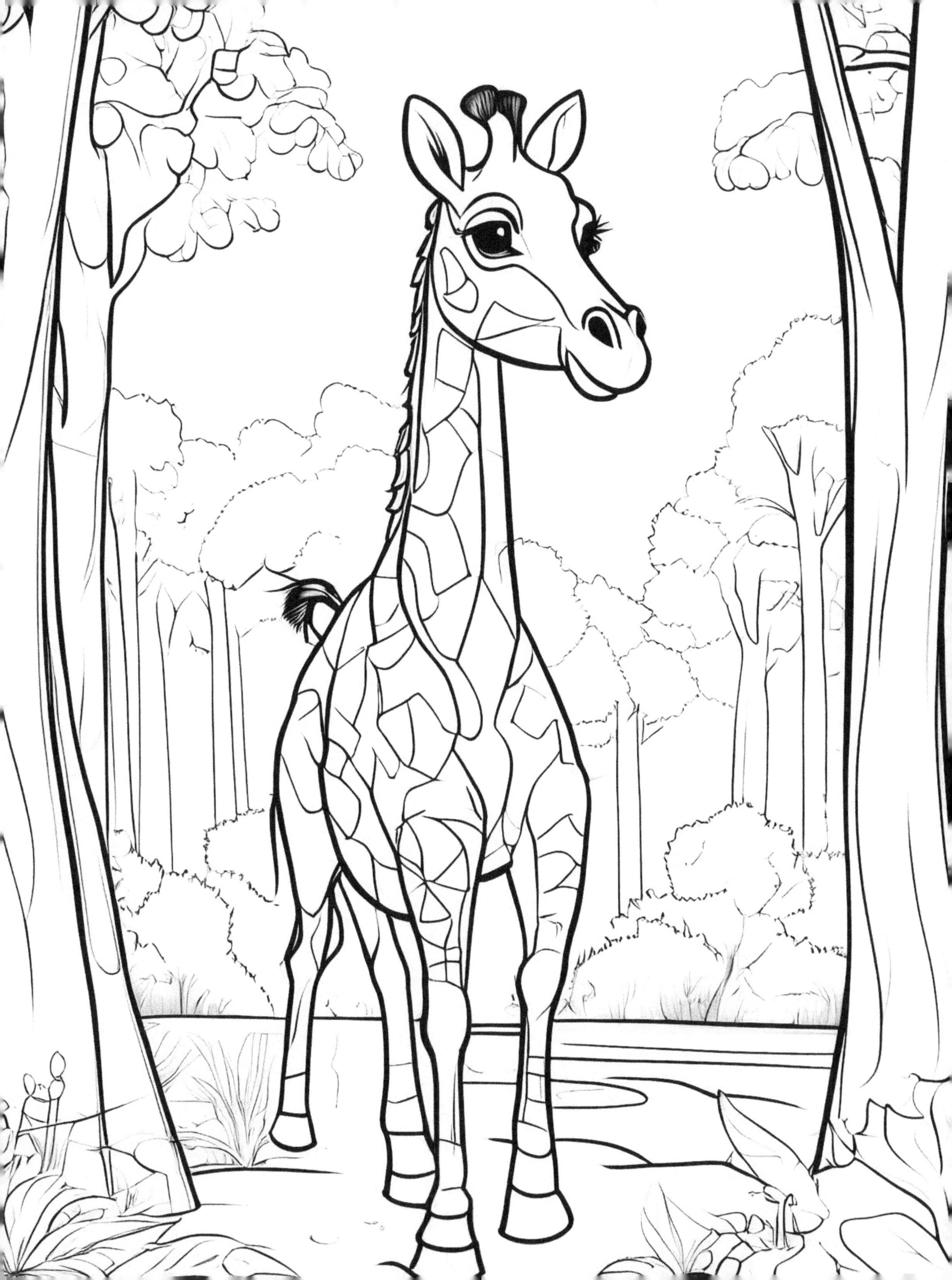

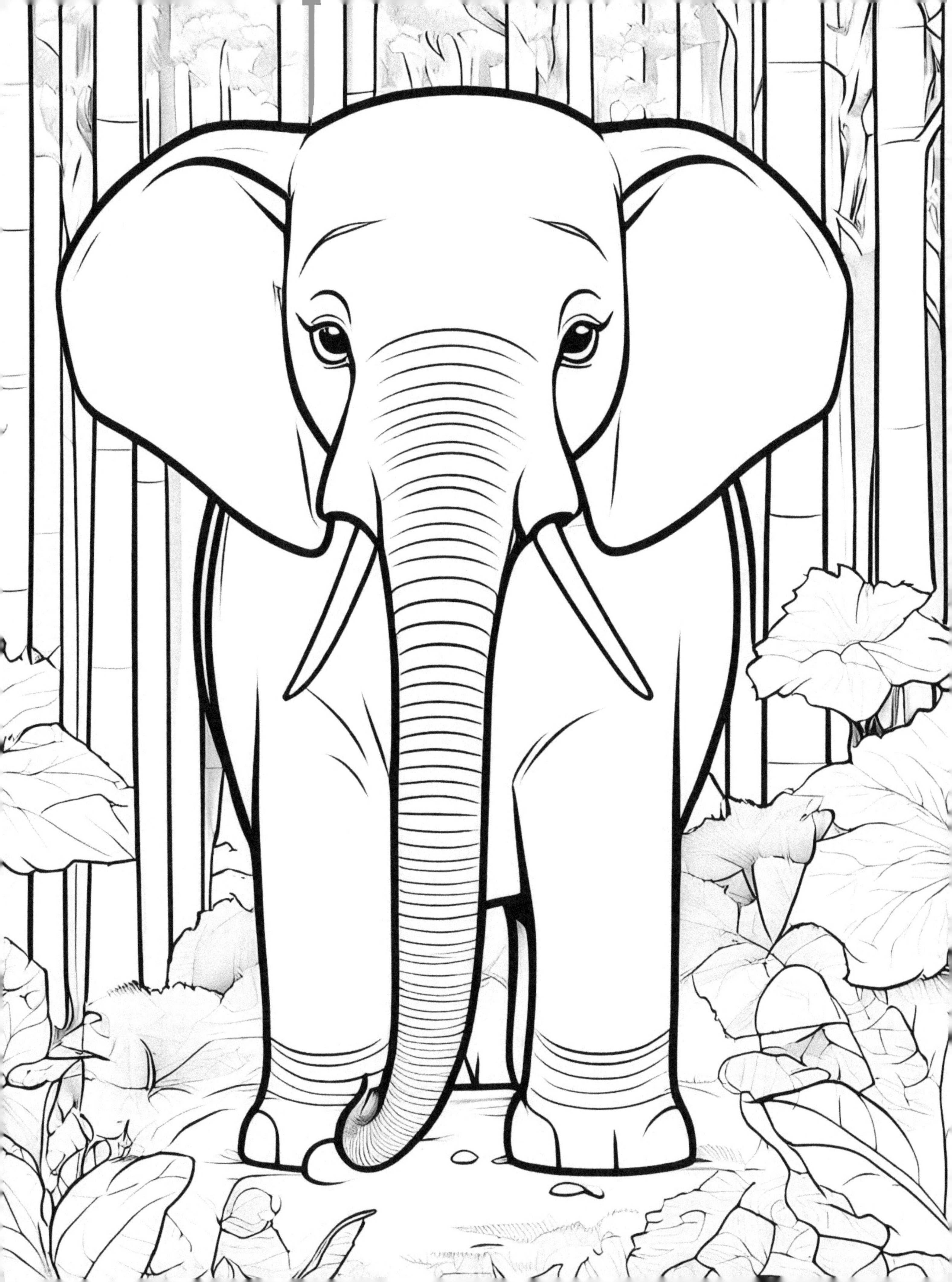

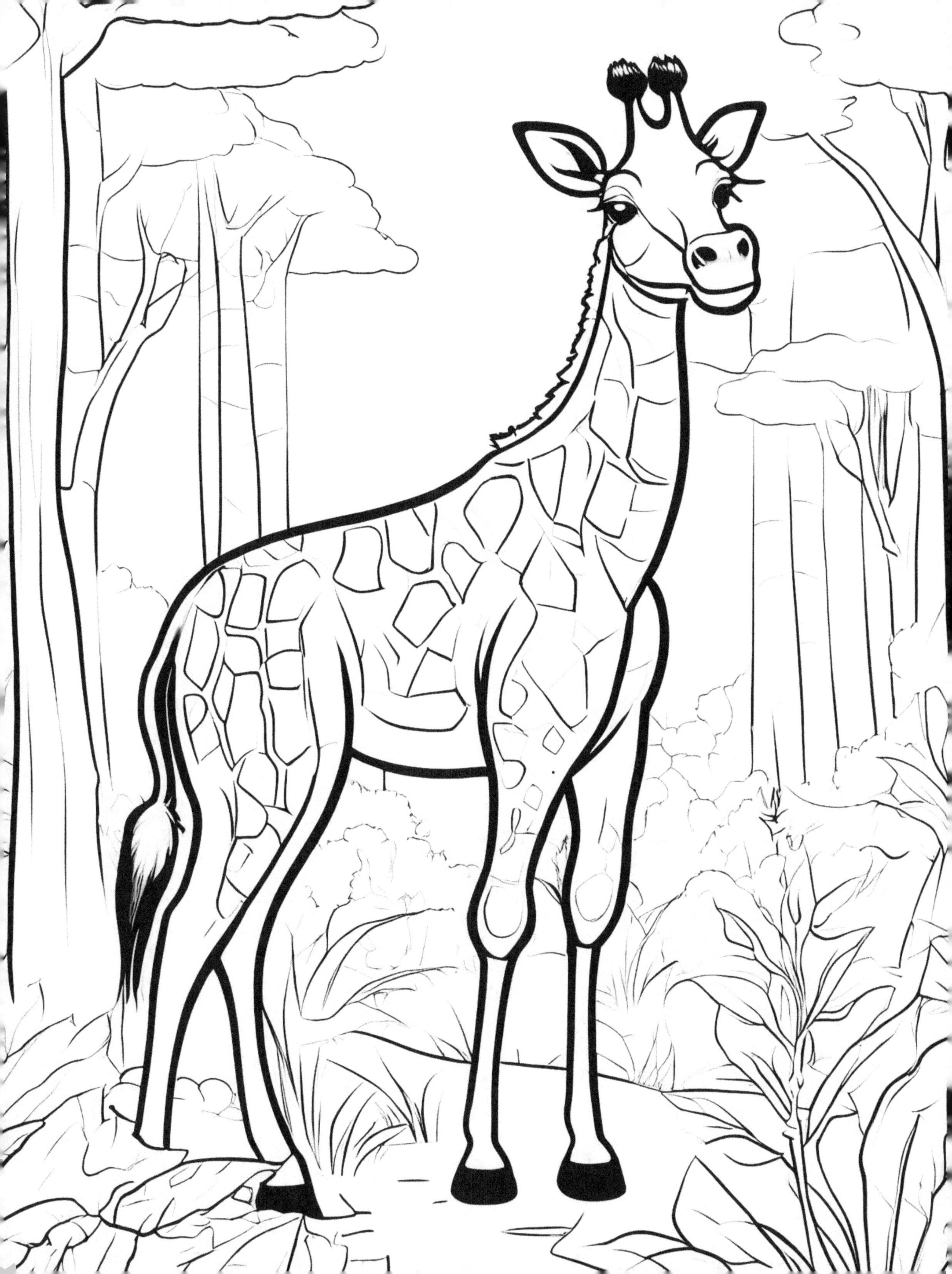

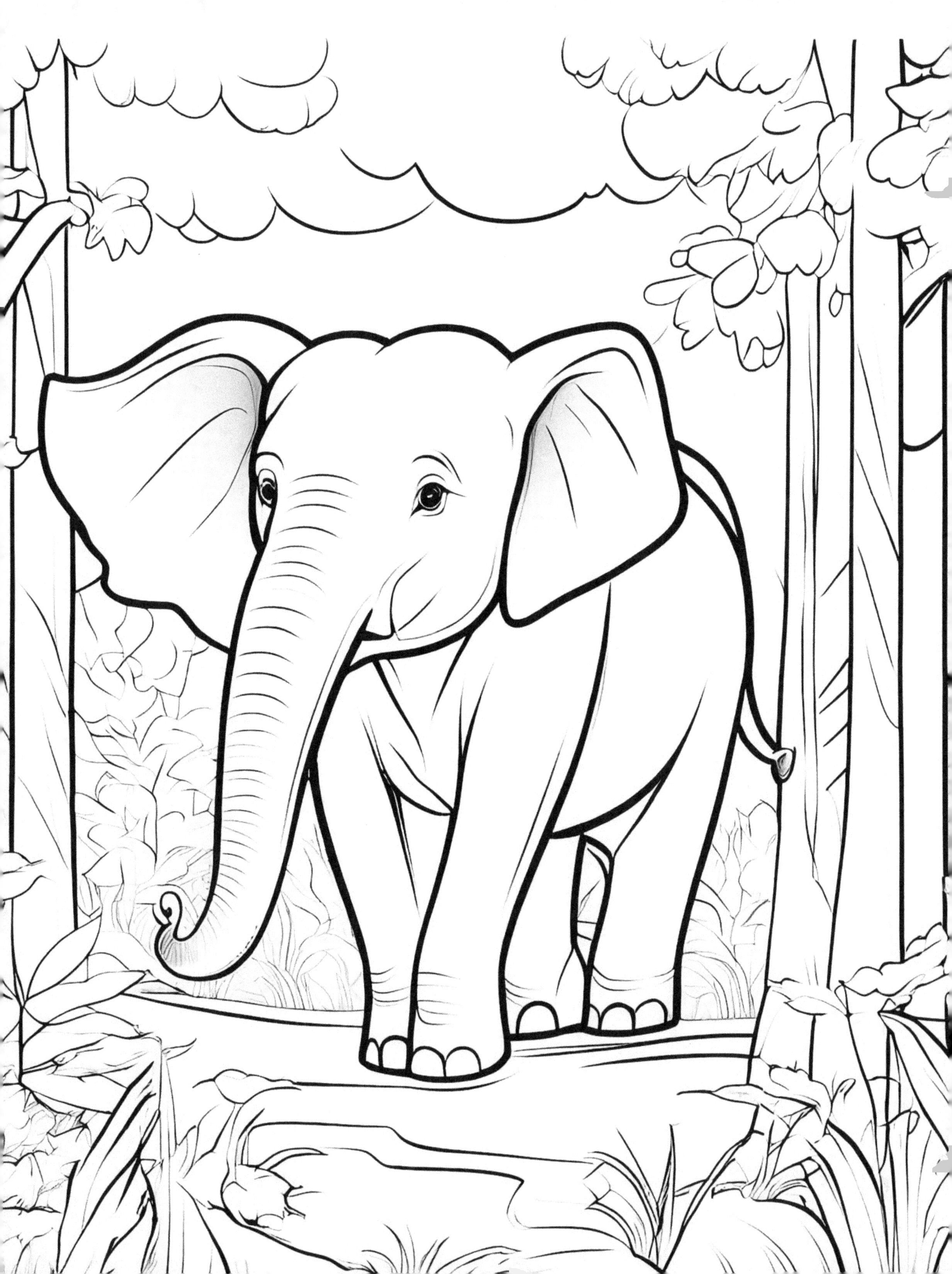

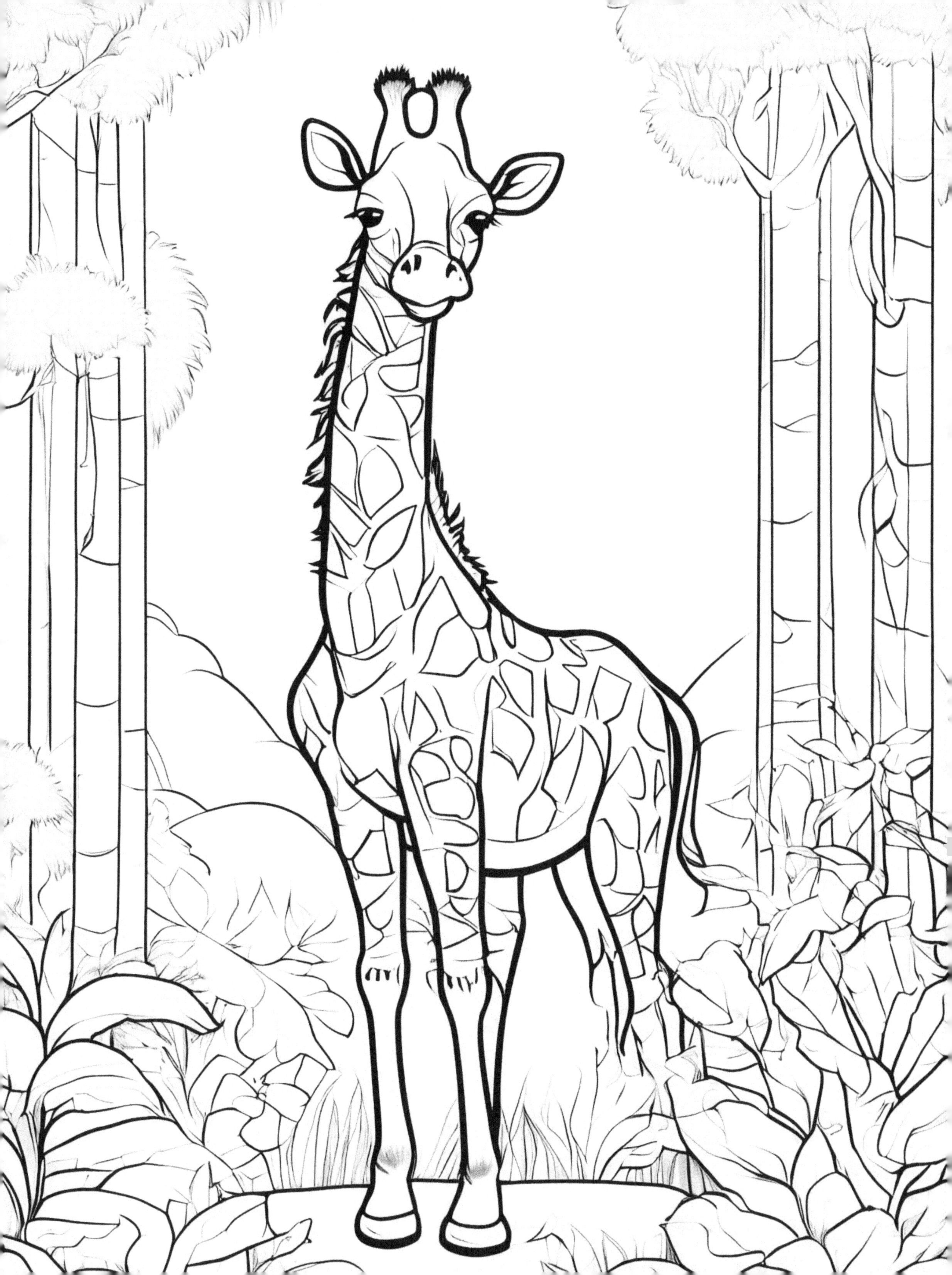